LES
FABULEUX
ITINÉRAIRES
MICHELIN

La France nature

LE GUIDE

MICHELIN

Le guide mode d'emploi

Le tracé de l'itinéraire en un coup d'œil.

Suivez nos étoiles

Des sites touristiques classés par étoiles.

★★★ VAUT LE VOYAGE
★★ VAUT LE DÉTOUR
★ VAUT LA VISITE

ÉTABLISSEMENT ENGAGÉ DANS UN TOURISME ÉCORESPONSABLE

Une sélection d'adresses gourmandes pour déjeuner et dîner, des adresses de charme pour passer la nuit.

CUISINE UNIQUE
CUISINE D'EXCEPTION
CUISINE D'UNE GRANDE FINESSE

GASTRONOMIE RESPONSABLE

NOS MEILLEURS RAPPORTS QUALITÉ-PRIX

Sélection Guide Michelin 2025

Qui dit gourmand, dit souvent pris d'assaut : pensez à réserver à l'avance.

À midi, un restaurant étoilé procure une expérience exceptionnelle à prix plus doux que le soir.

Les catégories de prix

€ jusqu' à 20 € (pour un plat)
jusqu' à 90 € (chambre double standard)

€€ de 20 à 30 € (pour un plat)
de 90 à 130 € (chambre double standard)

€€€ de 30 à 60 € (pour un repas)
de 130 à 180 € (chambre double standard)

€€€€ plus de 60 € (pour un repas)
plus de 180 € (chambre double standard)

L'itinéraire sur votre téléphone

Grâce aux données GPX, on vous emmène le long des routes que nous avons choisies pour vous... jusqu'à votre chambre d'hôtel.

À perte de vue

ILLUSTRATIONS DE

Élodie Flavenot

Sommaire

ITINÉRAIRE 1 - PICARDIE

4 JOURS - 321 KM

COMPIÈGNE > CHOISY-AU-BAC > SAINT-LÉGER-AUX-BOIS > ÉCLUSIER-VAUX > AMIENS > ABBEVILLE > SAINT-VALERY-SUR-SOMME > PARC DU MARQUENTERRE

En **forêt,** puis au fil de la **Somme**

À VOIR AUSSI

Le **château de Compiègne★★★** est l'une des plus prestigieuses résidences royales de France, toujours habitée par le souvenir des grandes chasses de Louis XV et des fêtes grandioses de Napoléon III. L'édifice est vaste ! Visitez les **appartements historiques★★**, le **musée du Second Empire★★**, et promenez-vous dans le ravissant **petit parc★**. *www.chateaudecompiegne.fr*

ADRESSE

LA FORÊT À VÉLO

Envie de louer un vélo ? *www.picardieforetsvertes.fr - www.veteix.com*
Carte des pistes cyclables : *www.agglo-compiegne.fr/le-plan-velo*

CANAL DE LA SOMME

ALTERNATIVE

Un Air de Campagne est une belle propriété au milieu d'un immense jardin où les roses voisinent avec les ânes. Chambres d'hôtes très confortables et joliment décorées, et festival de délices au petit-déjeuner. Le spa et le sauna sont un plus, bien apprécié ! *60, rte de Reims - Couloisy - www.unairdecampagne.net - €€€*

1re Étape

DÉPART DE COMPIÈGNE

L'aventure picarde débute par un bain de nature dans l'une des plus belles forêts de la région. Terrain de jeu idéal pour les amateurs de balades à pied, à vélo ou à cheval, l'historique **forêt de Compiègne** est sillonnée de belles allées cavalières rectilignes, ponctuée de ronds-points et de carrefours. Elle recèle aussi quelques trésors patrimoniaux, villages, abbayes et chapelles préservés. Ne manquez pas la **clairière de l'Armistice★★** où divers monuments rendent hommages aux victimes et héros de la Grande Guerre *(possibilité de s'y rendre à vélo par la piste cyclable - 9,5 km - facile - dép. quai de l'Oise à Compiègne, puis berges de l'Aisne)*. Légèrement au sud, la butte des **Beaux Monts★★**, terme de la majestueuse **allée** éponyme *(5 km)* percée à la demande de Napoléon 1er, vous offrira une **vue** magnifique sur la forêt et le **château de Compiègne**.

DÉJEUNER À CHOISY-AU-BAC

À l'orée de la forêt de Compiègne, l'**Auberge du Buissonnet** est une belle étape : jardin au bord d'un étang où l'on dresse une terrasse l'été, confortable cadre rustique et plats traditionnels goûteux et de qualité. *825 r. des Vieux - f - €€.*

Poursuivez l'exploration de la forêt par le **mont Saint-Mard★** aux pentes couvertes de superbes hêtres *(jolie boucle à pied de 4 km)*, les **étangs de Saint-Pierre** (pêche, sentier pédestre) puis **Pierrefonds**, célèbre pour son **château★★**, bijou néomédiéval. Une petite pause à pédalo sur l'étang de Pierrefonds pour profiter du superbe décor ? *www.lembarcadere-pierrefonds.fr.* Enfin, dans le sud de la forêt, aux **Grands Monts★**, une courte promenade *(30mn AR)* le long d'un chemin en balcon permet d'apprécier la splendide futaie de hêtres.

DÎNER ET NUIT À ST-LÉGER-AUX-BOIS

Si vous voulez vivre une expérience unique d'immersion totale et grand confort dans la nature, les **Cabanes de La Réserve**, nichées dans la **forêt de Laigue**, sont faites pour vous. Sur pilotis, au bord d'un étang, ou perchées dans les arbres, ces cabanes haut de gamme offrent déco raffinée, terrasse, bain nordique chauffé au milieu des arbres. Vous pourrez dîner sur place en réservant un panier composé de produits locaux (ou coin cuisine dans certaines cabanes). *R. des Étangs - www.cabanesdelareserve.com - €€€.*

2e Étape

DÉPART DE ST-LÉGER-AUX-BOIS

Prenez la route de Péronne puis longez les courbes sinueuses de la **haute vallée de la Somme★** en direction d'Amiens. Ici, les atouts naturels sont légion : coteaux calcaires, zones tourbières, belvédères naturels, étangs, marais et maisons éclusières restaurées. Arrêts au **belvédère de Frise★** où deux circuits à pied permettent de découvrir le patrimoine naturel (« La montagne de Frise », *2,3 km*) et les traces de la Grande Guerre (« Sur les pas de Blaise Cendrars », *8 km*), au **belvédère de Vaux** pour un autre magnifique panorama sur le fleuve serpentant entre étangs, îlots et marais, puis à **Éclusier-Vaux**.

DÉJEUNER À ÉCLUSIER-VAUX

Après une balade dans les méandres tapissés de roselières, une pause déjeuner s'impose dans le magnifique site du **Domaine des P'tits Bouchons.** Cette maison rutilante avec ses façades couleur aluminium abrite une guinguette. Cuisine du marché et produits locaux, planches apéritives. *3 Chaussée d'Éclusier - domainedesptitsbouchons.eatbu.com - €.*

Arrêtez-vous au **belvédère de Sainte-Colette** où le fleuve opère un virage à angle droit, suivez le sentier qui débute au **point de vue★** et descend le larris de la falaise Sainte-Colette pour rejoindre les **étangs de la Barette** *(2,5 km AR)*. À **Amiens★★**, où l'impressionnante **cathédrale★★★** gothique surgit tel un gigantesque vaisseau de pierres au cœur des ruelles, arpentez l'animé **quartier Saint-Leu★**, ses canaux, ses petites maisons colorées et sa collection de bars-restaurants. Une petite soif ? Vous êtes au bon endroit.

DÎNER ET NUIT À AMIENS

En plein centre, le restaurant **L'Ail des Ours** est plébiscité par les Amiénois. Alors rejoignez cette table, sympathique et tendance, menée par le jeune chef Stéphane Bruyer qui mitonne une cuisine simple, de saison, valorisant les produits du marché *11 r. Sire-Firmin-Leroux - www.aildesours-restaurant.fr - €€€.* Restez dans le quatier et achevez votre journée dans le confortable hôtel **Le Saint-Louis** aux chambres plutôt spacieuses et bien tenues.
24 r. des Otages - saintlouishotel.fr - €€.

3e Étape

DÉPART D'AMIENS

Partez à la découverte des **hortillonnages★★**, joyau écologique situé en bordure des eaux de la Somme et de l'Avre, à pied ou en barque traditionnelle de maraîcher accompagné par un guide batelier (*www.leshortillonnages-amiens.com*). On reprend ensuite le fil de la paisible **vallée de la Somme★** qui alterne vestiges médiévaux, site préhistorique, paysages de marais et quelques merveilles architecturales. Halte à **Picquigny** et à **Long** où vous trouverez, dans les anciennes maisons éclusières, toutes les informations pour visiter les lieux à pied, en paddle, en kayak ou à vélo. La maison des Marais à **Longpré-les-Corps-Saints** vous expliquera tout sur la faune, la flore et le marais tourbier en plus de vous proposer des balades et des tours en barque.

À VOIR AUSSI

LA PICARDIE, TERRE DE MÉMOIRE

Parcourir la Picardie c'est lire quelques pages inoubliables de l'histoire du 20e s. Indispensable pour comprendre la Grande Guerre, l'**Historial de Péronne★★**, saisissant musée, multiplie les points de vue, civil et militaire, victorieux et vaincus. À ne pas manquer. *www.historial.fr*

ADRESSE

LA HALTE GOURMANDE

Le week-end, arrêtez-vous à l'ancienne **maison éclusière de Froissy**, dans un cadre idyllique, le long de la véloroute vallée de la Somme. Elle propose une petite restauration-goûter privilégiant les produits locaux (crêpes, galettes, glaces...). *Froissy-Bray-sur-Somme - merc.-dim.*

ADRESSE

MARCHÉ SUR L'EAU

Le samedi matin dans le **quartier St-Leu** à **Amiens**, ne manquez pas le marché des hortillons où quelques maraîchers vendent leurs produits. Et le 3e dim. de juin a lieu LE grand marché traditionnel sur l'eau : les hortillons arrivent en costume dans leur barque à fond plat.

CATHÉDRALE D'AMIENS

DÉJEUNER À ABBEVILLE

À Abbeville, choisissez **Chez François** pour ses produits frais, cuisinés avec finesse et joliment présentés. Une qualité gastro à prix bistrot ! Terrasse à l'arrière. *22 pl. du Pilori - restaurantchezfrancois.fr*

Étape à la **réserve ornithologique de Grand-Laviers** à la rencontre des oiseaux sédentaires et migrateurs *(trois parcours, aire de pique-nique)*. Puis cap vers **Saint-Valery-sur-Somme★**, ville phare de la baie avec Le Crotoy. Pour apprécier sa lumière et ses couleurs, flânez dans la cité médiévale et sur la **digue-promenade★** avant de profiter des activités offertes dans la célèbre **baie de Somme★★**, formidable terrain de découverte pour les amateurs de grand air. Il vous reste un peu de temps ? Filez à la **Maison de la baie de Somme★** qui donne les clefs de lecture permettant de saisir l'évolution de la baie.

DÎNER ET NUIT À SAINT-VALERY-SUR-SOMME

Direction l'hôtel-restaurant le **Cap Hornu** installé dans un immense parc surplombant la baie de Somme (piscine, location de vélos). Calme, dépaysement et grand bol d'air assurés ! Vous dormirez dans des maisons de style régional abritant des chambres lumineuses et confortables. *1350 Chaussée du Cap Hornu - www.hotelcaphornu.fr - €€€.*

4e Étape

DÉPART DE SAINT-VALERY-SUR-SOMME

Balade dans la **baie à pied**, à vélo ou en kayak, observation des phoques avec un guide ou petite croisière en bateau, vous aurez l'embarras du choix *(www.randonature-baiedesomme.com - www.kayak-somme.com - www.bateau-baie-somme.com)*.

DÉJEUNER AU PARC DU MARQUENTERRE

À l'entrée du parc, optez pour une pause revigorante à **La Tablée du Marquenterre** ∅. Ce self-restaurant propose un choix de plats froids ou chauds servis en bocaux. Des produits locaux et de saison, que l'on savoure en salle ou sur la grande terrasse ombragée. *parcdumarquenterre.fr -€€.*

Fin de l'escapade picarde, toujours au grand air et en beauté, au **parc ornithologique du Marquenterre★★**, partie terrestre de la réserve naturelle de la baie de Somme. Incontournable ! Un univers préservé, uniquement accessible à pied, où nichent 300 espèces d'oiseaux, et où font escale de nombreux migrateurs. D'un poste de guet à l'autre, on assiste aux ballets des oiseaux, à d'étranges parades nuptiales ou à une éclosion inattendue...

ALTERNATIVE

AU PLUS PRÈS DES OISEAUX

Tout près de la réserve ornithologique, le café-épicerie familial **Au Coin De La Baie**, labellisé « Bistrot de pays » sert une bonne cuisine traditionnelle dans une ambiance chaleureuse. *Grand-Laviers - aucoindelabaie.fr - €€.*

ALTERNATIVE

« DU BATEAU À L'ASSIETTE ! »

Telle est la devise du **Mathurin** ∅, où le jeune chef cuisine exclusivement l'arrivage du jour, pêché et préparé en famille. Rien que du frais donc, transformé avec talent et inventivité, servi avec attention dans une belle salle à la décoration chaleureuse et contemporaine. *1 pl. des Pilotes - St-Valery-sur-Somme - restaurantlemathurin.fr - €€€.*

À VOIR AUSSI

LA BAIE À VÉLO

C'est l'un des plus agréables moyens de parcourir la baie. Neuf circuits balisés, dont « Le Tour de la baie » (32 km), permettent d'en apprécier toute la beauté. Elle est aussi desservie par la Vélomaritime® qui suit le littoral de Dunkerque à Roscoff. *www.baiecyclette.com*

FALAISES D'AULT

Et si on allait voir plus loin

Notre sélection de sites, adresses, expériences nature en dehors de l'itinéraire

ARGOULES

Jardins de Valloires★★

Fidèle à la tradition cistercienne, l'**abbaye de Valloires★** et ses **jardins★★** se nichent dans un site d'une beauté singulière, entre bois et prairies au creux du val d'Authie. Réputé pour son église et ses décors baroques, Valloires l'est aussi depuis les années 1980 pour ses jardins dessinés par Gilles Clément. Une composition libre où plus de 5 000 variétés de plantes s'associent en savants archipels selon la teinte de leurs feuillages, la subtilité de leur parfum, la présence de fruits ou d'épines... Nos spots préférés ? La perspective sur la roseraie et l'abbaye depuis le **cloître végétal**, le **jardin des Îles** et l'**espace Lamarck**.

Aux saveurs du jardin

C'est dans ce restaurant-salon de thé que vous pourrez savourer des plats originaux préparés avec les fleurs et plantes du jardin de Valloires. La soupe de légumes, à déguster chaude ou glacée, vous ravira. Sorbets à la rose et kir à la violette. Délicieux !
www.jardinsdevalloires.fr

AULT

La station balnéaire d'**Ault★** s'étire au creux d'une valleuse, sorte de vallée sèche « suspendue » au-dessus du rivage. Un sublime « balcon sur la mer » porté par d'impressionnantes falaises de craie balayées par le vent et tapissées de prairies qui dominent des plages. On profite ici de la pêche à marée basse, des balades panoramiques sur la plage ou en bordure de falaise (avec précaution et en suivant les recommandations) ; ou encore des activités nautiques - surf et paddle au village voisin, **Mers-les-Bains★**. Les bons marcheurs pourront d'ailleurs se rendre d'Ault à Mers par le **sentier du littoral** *(7 km - respectez le balisage)*, le meilleur moyen d'apprécier le paysage.
www.surf-paddle-mers.fr

Hâble d'Ault

Ce site protégé est composé d'une lagune, de marais et sert de refuge à 200 espèces d'oiseaux. En juin et juillet, lors de la floraison du chou marin, des lotiers et du serpolet, tout le Hâble se pare de magnifiques couleurs vives, mauves et jaunes.
www.destination-letreport-mers.fr

FORT-MAHON-PLAGE

Fort-Mahon abrite une longue plage de sable, dotée d'un club de voile et dominée par une digue-promenade. C'est le lieu parfait pour s'élancer sur un **char à voile** ou un **catamaran** et parcourir à pied plage, dunes et forêts de pins. Suivez par exemple le sentier balisé qui permet de découvrir le milieu naturel de la dune du Royon et mène à Quend-Plage *(4 km - 1h30 - facile - dép. du parking de Fort-Mahon-Plage)*.

Baie d'Authie

À quelques kilomètres au nord de Fort-Mahon-Plage, la petite sœur de la baie de Somme constitue la frontière naturelle entre la Somme et le Pas-de-Calais. Domaine des chasseurs à la hutte et des pêcheurs de coques, elle offre des superbes balades, entre ciel et mer.
Éolia école de char à voile et catamaran - eolia.info

LA CHAUSSÉE-TIRANCOURT

Parc Samara★

Samara, ancien nom de la Somme, est un lieu emblématique de la préhistoire en Europe.
Ce grand parc ravira les amateurs de nature et d'histoire. On y découvre un **arboretum** riche d'une soixantaine d'espèces forestières, un **labyrinthe végétal** abritant 600 plantes à fleurs rares, et une zone de **marais**, ancienne tourbière. La **partie archéologique**, accessible par un chemin sillonnant à flanc de falaise, présente cinq reconstitutions d'habitats, de la tente du paléolithique à la maison gauloise. Pour une vue imprenable sur la vallée de la Somme, il vous faudra emprunter le sentier escarpé menant à l'**oppidum romain** de la Chaussée-Tirancourt.
www.samara.fr

CRÉCY-EN-PONTHIEU

Forêt domaniale de Crécy

Principalement plantée de chênes et de hêtres, la forêt domaniale de Crécy (4 300 ha), principal massif forestier de la Somme, offre de superbes circuits de randonnée à la découverte des arbres remarquables, au long de ses 47 km d'allées cavalières et cyclistes. Admirez le chêne des Ramolleux qui aurait été planté après la bataille de Crécy (août 1346). Une dizaine d'arbres ont été sculptés suite au festival Forest'art.
www.terresetmerveillesbaiedesomme.com

ITINÉRAIRE 2 - ÎLE-DE-FRANCE

4 JOURS - 265 KM

AUVERS-SUR-OISE > MOISSON (LA ROCHE-GUYON) > GIVERNY > MONTFORT-L'AMAURY > RAMBOUILLET > CHEVREUSE

Quand la **végétation** fait fort **impression**

À VOIR AUSSI

Sur le chemin des peintres, vous pouvez visiter différents lieux, il n'y a que l'embarras du choix... Notre préféré ? La **Maison-atelier de Daubigny** qui fut le premier foyer artistique d'Auvers-sur-Oise. *www.atelier-daubigny.com*

1re Étape

MATINÉE À AUVERS-SUR-OISE

Avec ses paysages authentiques baignés d'une lumière changeante, **Auvers-sur-Oise★★** a fortement inspiré les peintres. C'est dans leurs pas, en particulier ceux de Vincent Van Gogh, que nous marchons ce matin. Le peintre y passa les deux derniers mois de sa vie, une période très créative. Le ravissant **chemin des peintres** *(9 km - 2h30 à pied, 45mn à vélo)* fait découvrir les principaux sites chers à l'artiste : berges, maisons sur les pentes du village, église, auberge Ravoux, champs de blé... *tourisme-auverssuroise.fr*

DÉJEUNER À AUVERS-SUR-OISE

Admirateurs de Van Gogh et amateurs de bons petits plats, attablez-vous à l'**auberge Ravoux** (**« Maison de Van Gogh »**), pour son ambiance attachante et sa cuisine généreuse. En prime, vous pourrez visiter la petite chambre du peintre. *Pl. de la Mairie - www.maisondevangogh.fr - €€.*

ALTERNATIVE

Autre sympathique adresse nichée dans le village, **Le Chemin des Peintres** concocte une cuisine bistrot élaborée avec des produits locaux, certains bio. Salon de thé l'apr.-midi le w.-end. *www.le-chemin-des-peintres.fr - €€.*

Quittons les bords de l'Oise pour les méandres de la Seine à travers les paysages variés du **Parc naturel régional du Vexin français★**. Flânez dans le magnifique **parc du domaine de Villarceaux★**, véritable vitrine des évolutions de l'art des jardins à travers les siècles, avant de faire une halte à **Vétheuil**, ancien village de vignerons, niché dans une boucle de la Seine bordée de falaises. Claude Monet et d'autres artistes tombèrent sous son charme. Le sentier du patrimoine *(4,4 km - 1h30 - panneaux explicatifs)* est la meilleure façon de découvrir les lieux, charmants, et l'ensemble de maisons rurales en pierre jaunâtre caractéristiques du Vexin français. Voyez ensuite **La Roche-Guyon★**, enchâssé dans un superbe amphithéâtre naturel entre la Seine et le plateau du Vexin. Après avoir visité le **château★**, gravi le donjon médiéval perché sur la falaise et flâné dans le magnifique **potager-fruitier** (parfait pour acheter quelques légumes bios), aurez-vous encore un peu de temps pour une balade le long des bucoliques **bords de Seine★** ?

ADRESSE

Les boucles de la Seine en **canoë** ? Allez, embarquez à Vétheuil pour une magnifique rando sur l'eau *(1h à 2h30)* le long des falaises de la vallée de la Seine. *Canoseine - location de canoë et de VTT* - f

DÎNER À GASNY ET NUIT À MOISSON

La route mène, le long des boves crayeuses, à l'**Auberge du Prieuré normand**, une belle bâtisse de Gasny. Le chef favorise les produits en circuit court pour une cuisine de qualité, aux sauces sapides et aux saveurs franches. *1 pl. de la République - aubergeduprieurenormand.fr - €€.*

Prenez ensuite vos quartiers à Moisson, autre village cher à Monet, dans la douillette chambre d'hôte **Le Prieuré Maïalen** où vous pourrez craquer pour la suite avec espace balnéo. *4 all. du Jamboree - leprieuremaialen.com - €€.*

À VOIR AUSSI

Immersion au cœur du massif forestier et de la flore francilienne à l'**arboretum de La Roche-Guyon** (13 ha), musée de l'arbre régional qui reproduit au sol la géographie de l'Île-de-France.

Avis aux **cyclistes** : depuis La Roche-Guyon, on peut rallier Giverny à vélo en suivant la Seine, un très beau parcours. *www.laseineavelo.fr*

2e Étape

DÉPART DE MOISSON (LA ROCHE-GUYON)

À **Giverny★★** ne manquez pas la **maison et les jardins de Claude Monet★★** avec le fameux étang aux nymphéas, fabuleux royaume de couleurs vibrantes. Suivez ensuite l'un des sentiers qui vous plongera dans le cadre enchanteur des paysages de l'artiste : **les coteaux de Giverny** *(9,3 km, 2h30, balisage jaune)* ou **le Bois du gros chêne** *(7,6 km, 2h balisage bleu). www.fondation-monet.com*

DÉJEUNER À GIVERNY

Le **restaurant Baudy**, ancien hôtel autrefois refuge des peintres, vous invite à savourer de délicieux plats de cuisine française entouré de magnifiques tableaux. Après le repas, ne manquez pas de pousser la porte du jardin de roses anciennes... *81 r. Claude-Monet - www.restaurantbaudy.com - €€.*

Cap vers la petite cité médiévale de **Montfort-L'Amaury★**, campée en lisière de la forêt de Rambouillet. Balade à pied, entre patrimoine et nature : **maison-musée de Maurice-Ravel★**, **église St-Pierre★**... Repérez la colline coiffée des ruines d'un château du 11e s. et grimpez par le chemin en lacet pour bénéficier d'une belle vue sur les environs verdoyants. Rejoignez **Houdan★** où un petit tour du centre-ville, blotti autour d'un donjon, vous mettra en appétit.

DÎNER À HOUDAN ET NUIT À MONTFORT-L'AMAURY

Ce soir, faites-vous plaisir à **La Poularde de Houdan,** dans l'élégante salle feutrée ou sur la grande terrasse d'été. À la carte, la fameuse poule de Houdan, mais aussi des recettes traditionnelles rythmées par les saisons.
24 av. de la République - www.alapoularde.com - €€€.

Gagnez ensuite l'**hôtel Saint-Laurent** à Montfort ; à vous de choisir entre les chambres du superbe hôtel particulier du 17e s., de la Résidence, ou celles, plus récentes, situées dans le parc.
2 pl. Lebreton - www.hotelsaint-laurent.com - €€.

3e Étape

DÉPART DE MONTFORT-L'AMAURY

En route vers Rambouillet, arrêtez-vous dans le très beau site de l'**étang de la Porte-Baudet ou des Maurus** *(parking des Brûlins - 45mn à pied AR)*. À 1 km au-delà, allez saluer le doyen de la forêt, le **chêne Baudet**, plus de 550 ans au compteur et 5,8 m de circonférence. Une fois à Rambouillet, arpentez les allées du **parc★★**, tapissées de jonquilles au printemps et célèbre pour la variété de ses jardins, fruit de l'aménagement des 17e et 18e s. Pour explorer davantage, enfourchez un vélo ou optez pour une rosalie. Et pourquoi ne pas louer une barque pour une balade paisible sur les canaux ? *-www.chateau-rambouillet.fr*

DÉJEUNER À RAMBOUILLET

Repas gastronomique à **L'Orangerie**, face aux grilles du château et dans un cadre ravissant : sculptures et plantes sous la verrière, salle à l'ambiance british, terrasse ombragée... Vous serez reçu comme un roi ! Ici, poissons et fruits de mer sont à l'honneur, tout comme les pâtisseries artisanales. *4 rue Raymond Poincaré - lorangerie-rambouillet.fr - €€€.*

ALTERNATIVE

Pour une pause déjeuner simple, rapide et savoureuse, la boulangerie-bistrot **Au Coin du Pain'tre** sert, dans une cour bucolique, des sandwiches, quiches, salades, planches de charcuterie... *73 bis r. Claude-Monet - [f] - €.*

À VOIR AUSSI

Dans le bel écrin de verdure qui entoure le célèbre **château de Rambouillet★**, voyez aussi la **Laiterie de la Reine★**, temple antique dédié à la dégustation du lait - un cadeau de Louis XVI à Marie-Antoinette -, ainsi que la **Bergerie nationale★** avec ses animaux vedettes, les moutons mérinos, mais aussi vaches, ânes, chevaux, etc.

ALTERNATIVE

Près des étangs de Hollande, ce restaurant familial est une belle escale. Desserts faits maison à tester en particulier ! *Au relais d'ANJE - Rte des Yvelines - Les Bréviaires - www.aurelaisdanje.fr - €.*

Respiration à pleins poumons dans la magnifique **forêt de Rambouillet★**, composée en majorité de chênes et parsemée d'une vingtaine d'étangs. Entre le beau réseau de pistes cyclables et les innombrables chemins balisés pour la randonnée, on a l'embarras du choix. Pour piquer une tête ou faire un tour en canoë, gagnez la **base de loisirs des Étangs de Hollande** aux Bréviaires. Vous pourrez aussi arpenter les sentiers de l'**espace Rambouillet** *(entrée payante - jumelles recommandées)*, jalonnés de postes pour observer les animaux emblématiques des lieux : cerfs, daims, biches, chevreuils, sangliers... Des vols de rapaces sont organisés.

DÎNER ET NUIT DANS LA FORÊT DE RAMBOUILLET

Le bain de forêt se poursuit cette nuit à **Huttopia Rambouillet**, camping de tout confort installé en bordure d'un étang et doté d'une piscine écologique. Après avoir dîné simplement sur place (restauration en été) ou dégusté vos provisions, vous trouverez le sommeil en contemplant les arbres depuis le confortable lit d'une cabane, cahutte, roulotte ou d'une tente en toile et bois. Évasion et bienfaits garantis. *Rue du Château d'Eau - www.europe.huttopia.com - €€.*

4e Étape

DÉPART DE LA FORÊT DE RAMBOUILLET

Arrêt à **Chevreuse★**, au cœur de la vallée éponyme où coule l'Yvette. Dominée par son imposant château fortifié, elle a gardé, autour de sa petite place des Halles, le charme d'un village avec ses maisons en meulière dorée bordées de glycine. Installée dans le **château de la Madeleine**, la Maison du Parc naturel régional de la Haute-Vallée de Chevreuse propose balades, ateliers et animations ainsi qu'une exposition sur le parc. De Chevreuse, suivez le **sentier Jean-Racine** *(balisé - 5 km aller)*, jalonné de plaques numérotées portant des vers extraits des odes du jeune poète qui aimait se rendre au domaine de **Port-Royal-des-Champs★** à travers bois.

DÉJEUNER À CHEVREUSE

Pour clore cette belle escapade, choisissez **Le Normand** pour sa cuisine française de saison, préparée à partir de produits frais régionaux. Ici, même le pain est fait sur place ! À la belle saison, prenez place dans le jardin d'été. *31 r. de Rambouillet - restaurant-vallee-de-chevreuse.com - €€.*

ADRESSE

Parcourir la forêt à **vélo** (VTC, VTT, tandem) ou à **rollers**, ça vous tente ? Contactez Loca Cycles. *www.rambouillet-location-velos.fr*
Et pour de passionnantes **sorties initiation nature**, faites appel au centre d'études de Rambouillet et de sa forêt. *www.cerf78.fr*

ALTERNATIVE

Pour ceux qui préféreraient un dîner plus conséquent, filez vers la **Villa Marinette** à Gazeran (4 km à l'ouest de Rambouillet). On y déguste une cuisine au goût du jour rythmée par les saisons, signée par un chef respectueux du produit. Agréable terrasse dressée dans le joli jardin. *20 av. du Gén.-de-Gaulle - www.villamarinette.fr - €€€.*

PARADIS DES CYCLISTES
La **vallée de Chevreuse** est très prisée des cyclistes, qui mettent leurs roues dans celles des coureurs du Tour de France. En effet, la célèbre course emprunte pratiquement chaque année la côte des 17 tournants (portion de la D 91) à partir de Dampierre.

Et si on allait voir plus loin

Notre sélection de sites, adresses, expériences nature en dehors de l'itinéraire

L'ISLE-ADAM

Plage, croisière sur l'Oise et forêt

Un château, construit sur une île de l'Oise, est à l'origine de la ville. Aujourd'hui, **L'Isle-Adam★** offre aux beaux jours comme un air de vacances : on y pratique la voile, l'aviron et le canotage, on y trouve des appontements pour la plaisance, et on bénéficie même de la **plus grande plage fluviale d'Île-de-France** aux airs de Deauville avec ses cabines de bain et ses transats rayés (trois bassins, paddles, pédalos, ping-pong, volley, minigolf, etc.). Profitez-en ! Vous pourrez aussi embarquer pour une croisière à la découverte de la rivière et des paysages qui ont inspiré les peintres de l'école des bords de l'Oise. Et si le plaisir de l'eau ne vous inspire pas, partez à la découverte de la vaste forêt toute proche.
www.ville-isle-adam.fr

PARC DU CHÂTEAU DE BRETEUIL

Les amoureux de la nature tomberont sous le charme de ce parc★★, aux espaces variés, qui s'étend de part et d'autre du **château★★**. Les **jardins à la française**, créés vers 1900 selon les principes de Le Nôtre, forment un écrin composé d'un miroir d'eau, de statues, d'ifs et de buis, et du colombier médiéval. Devant l'**Orangerie** et dominant le **labyrinthe végétal**, le **jardin des Princes** offre des couleurs vives à la belle saison (roses, pivoines, cerisiers à fleurs). Dans le vaste **parc romantique**, des **sentiers** vous emmènent vers des arbres remarquables (chênes tricentenaires). Ne manquez pas le point de vue sur la vallée de Chevreuse : la grande percée.Vous pourrez prévoir le pique-nique (tables à disposition).
www.breteuil.fr

THÉMÉRICOURT

Musée du Vexin français - Maison du parc

C'est dans le château de Théméricourt que siège la Maison du Parc naturel régional du Vexin français, fabuleux espace naturel sillonné par une multitude de sentiers praticables à pied ou à vélo. Visitez le **musée** qui présente un parcours ludique et interactif à la découverte des milieux naturels, de la faune, de la flore et des paysages, de l'histoire, de l'art et de l'artisanat, ainsi que de l'économie du Vexin français.
www.randovaldoise.com

CONFLANS-SAINTE-HONORINE

Péniches et bords de Seine

Située au confluent de la Seine et de l'Oise, **Conflans-Sainte-Honorine★** est juchée sur un coteau surplombant le deuxième méandre de la Seine, en aval de Paris. Si l'activité marinière a diminué, Conflans n'en reste pas moins la capitale de la batellerie en France, et de nombreuses péniches stationnent le long de ses quais Ne manquez pas de visiter le **musée de la Batellerie** et des voies navigables puis faites un tour dans le **parc du Prieuré** qui offre une très belle vue sur la Seine, le port fluvial et l'église. Promenez-vous ensuite sur le **port Saint-Nicolas**, sorte de musée à ciel ouvert qui acceuille une cinquantaine de bateaux. Des croisières commentées sont organisées en été.
www.conflans-tourisme.fr

VALMONDOIS

Maison de la meunerie

Cette antenne du Parc naturel régional du Vexin français est installée dans le **moulin de la Naze**, alimenté par la force hydraulique du Sausseron. Le moulin, avec sa roue à aubes qui fonctionne encore, ne moud plus de farine, mais reste un intéressant témoignage de l'histoire de la meunerie. Le site, niché au fond d'un vallon verdoyant, est plein de charme ; vous pourrez suivre, dans le ravissant village de Vamondois, le **sentier du patrimoine** *(env. 5 km, dép. à côté de la mairie)*. Autrefois, le Vexin français, riche terre à blé, possédait 140 moulins, dont une trentaine le long du Sausseron !
valmondois.fr

AMBLEVILLE

Jardins du château

Dominant les coteaux boisés de la vallée de l'Aubette de Meulan, le **château d'Ambleville★** se distingue par ses remarquables jardins d'inspiration italienne qui invitent à une magnifique promenade. Ils s'étagent sur trois terrasses et s'ordonnent autour d'arbres, d'arbustes taillés de diverses formes, d'une cascade, d'une allée d'eau, d'une fontaine et de bassins. Ils ont été aménagés au début du 20e s. sur le modèle des jardins de la villa Gamberaia près de Florence. Au-dessus, au niveau de la terrasse, se trouve un échiquier (les pièces de l'échiquier sont des buis taillés) de narcisses, dont la splendeur ne dure malheureusement que le temps de la floraison de printemps.
www.valdoise-tourisme.com

ITINÉRAIRE 3 - NORMANDIE

4 JOURS - 293 KM

CABOURG > CAEN > CLÉCY > VILLERS-BOCAGE >SAINTE-MÈRE-ÉGLISE > SAINT-VAAST-LA-HOUGUE >URVILLE-NACQUEVILLE > JOBOURG

Entre bocage et littoral manchois

1re Étape

DÉPART DE CABOURG

Une petite promenade matinale sur le front de mer, ou le long des avenues où les villas Belle Époque n'en finissent pas d'exhiber leur langoureuse beauté, et vous voilà prêts à quitter l'élégante station balnéaire de **Cabourg★**. Direction l'estuaire de l'Orne, superbe site naturel préservé, dont vous prendrez la mesure de toutes les richesses à la **maison de la nature et de l'estuaire** à Sallenelles. Le sentier nature nous mènera à la rencontre des oiseaux et, avec un peu de chance, des phoques veaux-marins, habitués des lieux. Plus qu'une rencontre, une vision lointaine, car, pour éviter de les déranger, il faut les apercevoir à la longue vue. Si vous voulez apprendre à les connaître, n'hésitez pas à vous joindre à une sortie guidée. *Bd Maritime - www.cpievdo.fr*

ALTERNATIVE

Le dimanche, déjeunez sur le vaste **marché du bassin St-Pierre** à Caen, à l'un des délicieux stands de cuisine locale et internationale. Profitez-en pour faire le plein de spécialités du coin (production maraîchère, caramels, cidre, poiré, sans oublier le fameux camembert !). *Pl. Courtonne et quai Vendreuve.*

DÉJEUNER À CAEN

À **L'Embroche**, tout près du château, vous savourerez des spécialités élaborées à base des bons produits régionaux : brick de camembert sur lit de salade arrosée au calva, tripes artisanales du « Père Michel », coquilles saint-jacques en saison. *17 r. Porte-au-Berger - www.lembroche.com - €€.*

Promenade digestive dans **le jardin des plantes et le jardin botanique** : plus de 8 000 espèces de plantes régionales et exotiques. Si vous tombez au bon moment de l'année, vous pourrez admirer dans la serre tropicale le *Victoria cruziana*, nénuphar géant d'Amérique du Sud.
Cap ensuite vers la superbe **forêt de Grimbosq** (475 ha), parcourue de petits ruisseaux et... de sentiers bien balisés (de 45mn à 3h). Profitez-en pour visiter la charmante chapelle Sainte-Anne au bord de l'Orne. Cap ensuite vers **Clécy★**, bourg aux ruelles étroites et « capitale » de la **Suisse normande★★**.

À VOIR AUSSI

Caen★★★ a su transformer en force son histoire mouvementée. Une immersion dans la scénographie du **Mémorial★★★**, formidable et passionnant « musée pour la paix » en est la preuve ! *3h de visite - www.memorial-caen.fr*

DÎNER ET NUIT À CLÉCY

Ce soir, ce sera le confortable **Site Normand**, hôtel-restaurant du centre-ville où l'on pourra même s'offrir une bulle de détente à l'espace Spa. Testez sur place les menus surprise, le chef y revisite toutes les saveurs normandes au rythme des saisons et du marché.
2 r. des Châtelets - www.hotel-clecy.com - €€.

AMOUREUX DE LA NATURE
La **Suisse normande★★**, ça vous parle ? C'est un pays de vertes collines et d'abruptes barres rocheuses autour desquelles s'enroulent les méandres de l'Orne. À la clé des paysages parmi les plus spectaculaires de la vallée de l'Orne. Randos, vélo, escalade, équitation, canoë-kayak... : vous serez comblés. *www.suisse-normande-tourisme.com*

2e Étape

MATINÉE À CLÉCY

Selon la météo et vos envies, choisissez l'une des randonnées à proximité comme le **Pain de Sucre★** *(8,5 km - env. 2h30 - assez facile)*. Le sentier s'élève rapidement sur une butte (alt. 171 m) où l'on découvre un merveilleux **panorama** sur l'harmonieuse et ample boucle de l'Orne. *www.calvados-tourisme.com/offre/pain-de-sucre-et-rochers-des-parcs*
On aime aussi pagayer en canoë ou en paddle, une bonne façon de s'immerger dans ces paysages verdoyants. *www.beau-rivage-clecy.com*

DÉJEUNER À VILLERS-BOCAGE

Arrêt dans le bocage normand pour une étape revigorante au **Au vrai Normand** qui sert une cuisine du terroir : andouillette grillée, ris ou tête de veau, cassolette de saint-jacques, escalope de veau normande...
4 pl. Jeanne-d'Arc - - €€.

Après une promenade enchanteresse dans les 12 espaces paysagers, riches en espèces botaniques, au **Domaine Albizia★**, une pause bien méritée s'impose au salon de thé. Vous pourrez aussi en profiter pour vous offrir quelques plantes rares à la boutique-pépinière (*jardinsalbizia.com*). Dans le **Parc naturel régional des marais du Cotentin et du Bessin**, aux magnifiques paysages d'herbages humides, ne manquez pas de visiter la **Maison du parc - Les Ponts d'Ouve★**, parfaite pour découvrir la flore et la faune des marais et pour s'aventurer à pied sur les sentiers d'interprétation (*parc-cotentin-bessin.fr*). Fin de journée à **Sainte-Mère-Église★**, village très célèbre outre-Atlantique pour son parachutage historique durant la nuit du 5 au 6 juin 1944 juste avant le **Débarquement.** Le passionnant **Airbone Museum★★** rend également hommage aux parachutistes américains (*www.airbonne-museum.org*).

CHANCE OU MALCHANCE ?
Un mannequin accroché par son parachute au clocher de l'église de Ste-Mère-Église rappelle la mésaventure du soldat John Steele qui, largué dans la nuit du 5 au 6 juin, atterrit ainsi et fit le mort durant deux heures tandis que la cloche ne cessait de sonner le tocsin.

DÎNER ET NUIT À SAINTE-MÈRE-ÉGLISE

Prenez vos quartiers à deux pas de l'église, dans la conviviale auberge **Le John Steele** aux chambres confortables. Décor régional avec belle cheminée dans la salle de restaurant, tout comme la cuisine, parée de la touche personnelle du chef. *4 r. du Capde-Laine - www.auberge-john-steele.com - €€.*

ADRESSE

Au fil de l'eau
Une petite excursion dans la rade de Saint-Vaast en **paddle, kayak, planche à voile** ou **dériveur** vous tente ? Une belle façon d'approcher l'île Tatihou. Le **centre nautique Est Cotentin** propose diverses embarcations en location. *www.centre-nautique-est-cotentin.fr*

3e Étape

DÉPART DE SAINTE-MÈRE-ÉGLISE

À nous la presqu'île du Cotentin, sublime « bout du monde » où on évolue entre falaises, longues plages battues par les vents, petits ports et jardins profitant d'un micro climat. Débutez par **Saint-Vaast-la-Hougue**, port de pêche et de plaisance réputé pour ses huîtres. De là, rejoignez, à pied *(à marée basse, 2 km)* ou en bateau amphibie *(10mn)*, un petit bijou qui porte le doux nom de **Tatihou★**, une île fortifiée par Vauban. Ses **jardins** luxuriants, installés à l'abri des murs du lazaret, se prêtent à l'observation des oiseaux et présentent une centaine d'espèces de la flore du littoral (*tatihou.manche.fr*).

DÉJEUNER À SAINT-VAAST-LA-HOUGUE

Sur le port, **La Marina** est le spot idéal pour déguster la pêche locale – filet de bar, marmite de la mer – ou pour prendre un verre en terrasse en écoutant le vent jouer avec les mâts des voiliers. C'est aussi un bon point de vue pour contempler Saint-Vaast et ses parcs à huîtres.
4 quai du Cdt-Albert-Paris - lamarinasaintvaast.fr - €€.

Poursuivez vers **Barfleur★**, ravissant petit port de pêche encore actif aux maisons de granit. Passez un moment sur

CAEN, ABBAYE AUX HOMMES

À VOIR AUSSI

AU PLUS PRÈS DU LITTORAL

Fans de randonnées, ayez en tête que l'**anse de Landemer** marque le kilomètre zéro du magnifique **sentier des Douaniers (ou sentier du littoral cotentin)**, le long d'une côte sauvage de plus de 80 km jusqu'à La Hague. Si vous voulez crapahuter sur ce sentier, qui se poursuit même jusqu'au Mont-Saint-Michel, procurez-vous le topoguide du GR 223 *(tour du Cotentin)* ou celui, plus court, du sentier de Grande Randonnée de Pays *(tour de la Hague)*.

À VOIR AUSSI

UN JARDIN EXTRAORDINAIRE

Dans **le jardin botanique de Vauville★** (4 ha) ,un millier d'étonnantes espèces végétales, la plupart originaires de l'hémisphère austral, s'épanouissent grâce à la douceur du climat (Gulfstream) et au travail de talentueux paysagistes et jardiniers. *www.jardin-vauville.fr*

ALTERNATIVE

La spécialité de **La Gravelette** ? Les délicieuses crêpes et galettes, à base de farine bio et de produits du terroir. En dessert, goûtez la « demoiselle de Jobourg » (surprise !). Salades et huîtres également. *Hameau Dannery - Jobourg* - f - *€€.*

les quais pour y voir décharger les bars de ligne ou les plus rares moules « blondes de Barfleur », avant de partir en balade jusquà la **pointe★** par le sentier du littoral *(GR 223, dép. derrière l'office de tourisme - 3 km jusqu'au phare, env. 40mn aller)*. Hop, hop, hop, 365 marches et nous voilà sommet du **phare de Gatteville**, l'un des plus hauts de France (75 m) avec, à la clé, un panorama de toute beauté !
Un peu plus loin sur la route de la côte nord, arrêtez-vous au joli village de **Fermanville** ; le **sentier de la vallée des Moulins** *(dép. du parking de l'office de tourisme - 8 km - balisage jaune)* mène à quelques moulins, parfois en ruines, et à de charmants hameaux qui ont conservé leur lavoir.

DÎNER ET NUIT À URVILLE-NACQUEVILLE

C'est en surplomb de la mer et de la plage de sable fin, dans un cadre éblouissant, que vous gagnerez vos pénates. **Le Landemer** offre une vue superbe depuis toutes les chambres ; celles de la longère, modernes, disposent de terrasses. Le plaisir sera prolongé à l'excellente table, inventive et raffinée, dans une salle à manger panoramique. Une étape inoubliable et chargée en air iodée !
2 r. des Douanes - www.le-landemer.com - €€€/€€€€.

4e Étape

DÉPART DE URVILLE-NACQUEVILLE

L'aventure se clôt aujourd'hui par l'exploration de la **pointe sauvage de la Hague★★**. À Saint-Germain-des-Vaux (vallée des Moulins), un **jardin** enchanteur **en hommage à Jacques Prévert** invite à une douce pause (arbres, textes, photos, poèmes). Le poète, qui habitait tout près, appréciait ce vallon calme et verdoyant, arrosé par une rivière, et on le comprend ! S'égrènent ensuite d'autres sites comme **Port Racine★**, charmant havre lilliputien, **Goury★**, connu pour son phare et son centre de sauvetage. Vous en aurez plein les mirettes en suivant la randonnée qui longe le littoral de Goury à la baie d'Écalgrain : paysage grandiose de falaises déchiquetées, ravissant village de La Roche et grande plage encadrée de landes tapissées de bruyères dans la **baie d'Écalgrain★★** *(dép. de l'OT de Goury - 5 km - 1h30 à pied AR - balisage rouge)*. Autre spot incontournable, le **Nez de Jobourg★★**, le « finistère » le plus imposant, où vous pourrez explorer, en compagnie d'un guide agréé, les **grottes** qui servaient de cachette à des contrebandiers *exspen.com - www.aladecouvertedelahague.fr.*

DÉJEUNER À JOBOURG

Pour finir le périple en beauté, une adresse qui en met plein la vue, littéralement et aussi côté cuisine ! Perché au sommet de la falaise du Nez de Voidries, l'**Auberge des Grottes** est le meilleur spot pour admirer le Nez de Jobourg. Cela tout en dégustant une cuisine élaborée et inventive, pleine de saveurs. Elle n'est pas belle la vie ?
8 r. des Falaises - Jobourg - www.aubergedesgrottes.com - €€.

Et si on allait voir plus loin

Notre sélection de sites, adresses, experiences nature en dehors de l'itinéraire

BARNEVILLE-CARTERET

Station balnéaire familiale, **Barneville-Carteret★** est parfaite pour les amateurs de grands espaces (baignade, char à voile, sports nautiques, balades entre mer et campagne). Engagez-vous vers l'ouest dans le **sentier des Douaniers★★**. Vous contournez ainsi le cap, spectaculaire promontoire rocheux faisant face aux îles Anglo-Normandes, pour atteindre les ruines de la vieille église Saint-Germain de Carteret puis la vaste plage à partir de laquelle s'étend le site dunaire d'Hatainville et Baubigny. *45mn à pied AR - dép. du petit parking dominant la plage de Carteret - direction « la Corniche, le phare ».*

CREULLY-SUR-SEULLES

Jardins du château de Brécy★

Moment de contemplation et de quiétude dans ce jardin théâtral structuré en quatre terrasses de largeur croissante. Les jardins se développent sur la colline, offrant une superbe perspective montante qui se poursuit par une grille ouvrant sur le ciel et par un long tapis vert. Un rare exemple de jardins du 17e s. conservé en France. *Rte du Château - www.parcsetjardins.fr*

ÎLES CHAUSEY

Imaginez : à 17 km au large, un dédale de chenaux, de plaines de sable, de dentelles de granit se découpant sur l'horizon des plus fortes marées d'Europe. Vous avez là l'un des sites les plus extraordinaires que la Normandie puisse offrir : un archipel de plusieurs kilomètres carrés regroupant une cinquantaine d'îles ou d'îlots et des centaines d'écueils. Pour apprécier toute la saveur des **îles Chausey★★**, restez-y au moins une nuit ; balade et kayak au programme. Sur l'île principale, profitez des trois plages de sable fin propices à la baignade : Port-Marie, Port-Homard (au pied du vieux fort) et la Grand-Grève. *Club de kayak Grandville Chausey - kayak-granville-chausey.com- www.tourismegranville-terre-mer.com*

SAINT-LÉONARD ET GENÊTS

Traversée de la baie du Mont Saint-Michel à pied

Traverser la **baie du Mont Saint-Michel★★★** accompagné d'un guide agréé, les pieds dans la vase et les yeux tournés vers la « Merveille », est une expérience inoubliable *(traversée interdite sans guide)*. La randonnée permet de vivre avec intensité l'approche de cette île-monument unique au monde et de bénéficier d'explications passionnantes autour du littoral, de la flore, de la faune et du patrimoine (*www.cheminsdelabaie.com*). Envie d'en savoir plus ? L'**Écomusée de la baie** présente toute la « vie dans la baie », également à travers les activités humaines *(ecomusee-baie.manche.fr)*.

PLAGES DU DÉBARQUEMENT

Ourlée de belles plages de sable, la Côte de Nacre est une terre universelle. Elle porte témoignage par ses paysages, ses musées, ses mémoriaux et ses nécropoles militaires de ce que fut la plus grande opération militaire de tous les temps : le Débarquement allié en 1944. Pour saluer la mémoire des combattants, tout en profitant des paysages magnifiques, on vous recommande une randonnée à vélo *(promenades accompagnées - www.petitereinenormandie.fr)*.

À ne pas manquer : la **batterie de Longues-sur-Mer★** ; la **pointe du Hoc★★** ; le **musée Overlord★** et le **Normandy American Cemetery★★★** à Colleville-sur-Mer.

ÎLES CHAUSEY

ITINÉRAIRE 4 - BRETAGNE

4 JOURS - 363 KM

ST-MALO > DINARD > ST-CAST-LE-GUILDO > PAIMPOL > PORT-CLOS > LANNION > MORLAIX > ROSCOFF

La mer qu'on voit danser

ADRESSE

Du genre à mouiller la chemise ? Direction la **Société nautique de la Baie de St-Malo** *(Quai du Bajoyer - snbsm.com)*, on y loue du matériel afin de s'essayer à différentes activités nautiques : voilier, catamaran ou aviron. Sinon, optez pour l'**Étoile Marine Croisières**, où vous vous la jouerez Jack Sparrow à bord de vieux gréements sillonnant les mers parmi les îles Anglo-Normandes ou le golfe du Morbihan. *Hangar à Tabac - www.etoilemarine.com*

ALTERNATIVE

Pour un déjeuner simple et rapide, on n'hésite pas et on va manger la fameuse crêpe bretonne du **Comptoir Breizh Café**. Des produits frais et cuisinés dans le respect des traditions bretonnes, de quoi en faire tout un plat. *6 r. de l'Orme - breizhcafe.com - €.*

À VOIR AUSSI

Sur votre chemin se « cache » la cité médiévale de **Dinan** ★★, dont la **vieille ville** ★ et le **port** sont de véritables décors de cinéma. Nous, on dit oui !

1re Étape

MATINÉE À ST-MALO

Hissez haut ! Départ de **St-Malo**★★★ : c'est peu dire qu'il y a fort à faire dans la ville fortifiée. D'abord, telle la vigie au temps des pirates, grimpez en haut des **remparts**★★★ pour une **vue**★ dégagée sur l'horizon. Promenez-vous autour de la ville, entre la mer et les bâtisses de granit noires. Le tableau n'est jamais le même : marées, lumière ou saisons remodèlent sans cesse le paysage. Puis on descend pour se perdre dans les ruelles de la **ville close**★★, on serpente parmi les intimidantes façades, rencontrant tantôt les grands **vitraux**★ de la **cathédrale Saint-Vincent**★, tantôt les donjons et la tour **Quic-en-Groigne**★ du **château**★, actuel hôtel de ville. À marée basse, on s'aventure sur l'**île du Grand-Bé** : on a presque l'impression de marcher sur l'eau, non ? L'occasion de retrouver votre âme de romantique en visitant le tombeau de Chateaubriand. Nous, on aime relire son poème *La Mer* au sommet de l'île, en admirant le superbe **panorama**★★ sur la Côte d'Émeraude.

DÉJEUNER À ST-MALO

Prolongez votre excursion entre terre et mer en déjeunant au **Fidelis** : plutôt tacos d'araignée-guacamole ou terrine de foie gras chutney d'ananas ? On ne sait trop que vous conseiller parmi une carte impeccable, entre merlu bisque d'araignée, saint-jacques butternut châtaignes ou porcelet confit aux shiitakés. Une chose est sûre : ce sera le bon choix, car Fidelis ne déçoit pas.
10 r. Jacques Cartier - fidelis.metro.rest - €€€.

Si Dinard n'est pas bien loin de St-Malo, le trajet vaut malgré tout qu'on s'y attarde. D'une ville à l'autre, on longe la rive droite de la **vallée de la Rance**★★, écosystème où faune et flore s'épanouissent dans une étendue humide entre eaux salées, douces et saumâtres, ponctuées de vasières ou de marais salants : une véritable Amazonie bretonne ! Du surréaliste **cimetière de bateaux** de **Quelmer** jusqu'à la visite du **moulin de Prat** – vestige du 15e s., et dernier moulin en fonctionnement parmi les quinze qui peuplaient la vallée – en passant par le **musée de la Pomme et du Cidre**, il s'en passe des choses le long de la départementale ! Laissez la voiture à l'entrée de **St-Suliac**★, plaisant village de pêcheur qui accueille une école de voile. Allez, on enfile ses meilleurs chaussures de marche et on va se dégourdir les jambes : au départ du parking, une courte boucle le long de la Rance permet de découvrir les chemins parsemés de genêts du **mont Garrot** ainsi que les vestiges d'un **camp viking** vieux d'un millénaire.

DÎNER ET NUIT À DINARD

Ce qui fascine avec la mer, c'est qu'elle ne lasse jamais. À peine entré dans le restaurant de l'**Hôtel de la Vallée**, on craque pour sa terrasse perchée au-dessus de la cale du Bec. On y déguste, presque les pieds dans l'eau, des produits de la mer bien préparés. La vue des chambres est tout aussi splendide. *6 av. George-V - hoteldelavallee.com - €€/€€€.*

2ᵉ Étape

DÉPART DE DINARD

Tout débute avec une balade en bord de mer. Au pied de l'hôtel, vous êtes déjà sur la **pointe du Moulinet★★**. Difficile, quand on en fait le tour, de ne pas envier les propriétaires des villas qui dominent l'étendue turquoise, entre l'estuaire de la Rance et la **plage de l'Écluse★**. Trêve de jalousie, prenez la **promenade du Clair-de-lune★** : sur ce sentier qui domine le littoral, les villas cèdent (un peu) leur place à une végétation plus souvent aperçue sur la côte d'Azur. Les mardi et samedi, ne partez pas sans avoir fait le plein de produits locaux au marché. Parés ? Le long de la **Côte d'Émeraude★★★**, impossible de ne pas s'arrêter prendre quelques clichés: on marche le long de l'imposante **pointe du Décollé★★**, reliée à la terre par un pont naturel à **St-Lunaire★**, on se baigne parmi les onze plages de **St-Jacut-de-la-Mer★**, petit port de pêche qui donne sur l'archipel des **Ébihens**, pour finalement s'abandonner aux vents marins sur le balcon de la **pointe de la Garde★★**, aux **vues★★** incomparables sur les plages alentour.

DÉJEUNER À ST-CAST-LE-GUILDO

Au **Jardin Délice**, déco cosy et nappe immaculée accueillent les saveurs venues des terres comme des mers bretonnes. Différents menus proposés comme autant d'expériences, dont le « Jardin d'hiver », adaptable au régime végétarien et vegan. *23 bvd. Duponchel - www.lejardindelice.fr - €€€.*

Cap sur... le **Cap Fréhel★★★** ! Tel l'acteur s'avançant sur le devant de la scène, le cap surplombe fièrement les flots, battu par vents et marées. Les plus chanceux témoins de ce **panorama★★★** apercevront peut-être les îles Anglo-Normandes, petites touches parmi l'immensité bleue. De là, deux options de randonnée : le **tour du cap**, pour les sportifs du dimanche, un circuit de 30mn à travers les **rochers de la Fauconnière**, refuges de goélands, cormorans et autres oiseaux marins ou bien l'aller-retour de 2h **des landes au fort La Latte**. Par delà la Fauconnière, on serpente parmi les bruyères, les mouettes et même des pingouins torda. Non, vous n'avez pas rêvé : ces petits pingouins aux becs noirs peuplent les rochers ruiniformes des landes. En plus, c'est l'occasion de visiter le **fort La Latte★★** (*www.lefortlalatte.com*). Attention cependant, certains passages peuvent être compliqués pour de jeunes bambins.

DÎNER ET NUIT À PAIMPOL

Un peu de route en perspective pour passer la soirée dans la peau d'un légume ! À **La Serre**, les tables ont pris la place des salades : sous une verrière aux allures d'orangerie, on savoure un soufflé de chapon ou un pot-au-feu de saint-jacques. *4 r. de Poulgoic - www.laserrepaimpol.fr - €€€.*
Repu, longez les quais jusqu'à l'**Hôtel K'Loys**. Chambres cosy et vue sur le port : on s'endort, paisible, aux bruits des vagues. *21 Quai Morand - www.hotel-kloys.com - €/€€.*

DIRECTION DICTONS

« Qui voit Ouessant voit son sang », dit le proverbe, allusion aux naufrages qui firent, par le passé, la mauvaise réputation de l'île. Ses sœurs bretonnes ne sont guère mieux loties. On dit ainsi : « Qui voit Molène voit sa peine », « Qui voit Groix voit sa croix » et « Qui voit Sein voit sa fin ». Reste une île, moins dure d'accès, et plus immédiatement séductrice : « Qui voit Belle-Île voit son île ».

ALTERNATIVE

Si vous préférez déjeuner à Dinard, on a l'adresse parfaite : **Ombelle**, à deux pas de la plage, propose une carte singulière qui évolue au fil des saisons. C'est peu dire qu'on raffole des produits du potager de Ludivine et Alexandre, qui relèvent et colorent des assiettes au dressage impeccable. *19 bd Wilson -www.restaurant-ombelle.fr - €/€€.*

ALTERNATIVE

Si vous avez envie de vous arrêter à mi-parcours, faîtes étape à **l'hôtel Edgar, à St-Brieuc**, une belle maison ancienne en pierre de pays transformée en établissement épuré et contemporain. Vous pourrez dîner à sa table gastronomique. *15 r. Jouallan - ◎ - €€€.*

ST-MALO

À VOIR AUSSI

Et pourquoi ne pas visiter **Paimpol★** ? La ville, autrefois haut lieu de pêche à la morue, est devenue une charmante cité maritime, attirant au passage les curieux. Après une promenade le long du port, rendez-vous sur la **pointe de l'Arcouest★★** qui offre une vue de la baie à Bréhat.

ADRESSE

Un peu de sensibilisation ! **L'Écocentre trégor**, situé le long de la côte de Granit rose, initie au jardinage bio et aux énergies renouvelables. Et en cas de petit creux, on y trouve même une crêperie 100 % locale et zéro déchet. *Rte du Radôme - ecocentre-tregor.fr*

À VOIR AUSSI

Le **sentier des Douaniers ★★★** est sans doute la plus belle randonnée du littoral nord. Cette promenade d'1h30 au départ de Perros-Guirec mène à Ploumanac'h, où un bus vers Perros permet de récupérer la voiture.

ADRESSE

Dans le cœur historique de Lannion se niche une maison en pierre pas comme les autres : **Le Brélévenez** propose une cuisine tendance et savoureuse, qui attire tous les gourmands de la régions. Vous l'avez compris, réservation exigée ! *1 r. Stang-Ar-Béo - restaurant-lebrelevenez.fr - €€€.*

3e Étape

DÉPART DE PAIMPOL

Cocoricooo, on met les voiles sur l'**île de Bréhat★★** ! Aussi appelée « l'île aux fleurs », elle se pare au printemps de couleurs impressionnistes, qui en font un véritable petit paradis. De quoi vous donner des envies de jardinage pour votre retour. Un petit **tour de l'île★★** pour découvrir l'étendue de l'archipel (86 îlots et récifs) ? Pas évident de savoir ce que l'on préfère entre la variété des côtes, la beauté des rochers et des falaises du nord, le charme plus méditerranéen du rivage oriental ou la couleur changeante des flots, parfois très bleus *(www.vedettesdebrehat.com).*

Une fois à terre, une visite des **verreries de Bréhat** s'impose. Aménagées dans un ancien fort construit par Napoléon III, elles présentent, entre autres, le travail des souffleurs de verre *(verreriesdebrehat.com).* On y apprécie la remarquable **vue★** sur le chenal du Kerpont.

DÉJEUNER À PORT-CLOS (BRÉHAT)

Avec sa jolie petite maison de pierre, sa terrasse, son poisson du jour et ses bons légumes bio du maraîcher de l'île, le **Crech Kerio** a tout bon pour une halte saine et dépaysante. *À 200 m de Port Clos - €.*

Petite promenade digestive le long de la **grève du Guerzido** et ses **plages** de galets roses qui accueillent oiseaux marins en tous genres. On vous comprend : nous non plus on ne voulait plus partir. Allez, reprenons la route. Toutes les bonnes choses ont une fin.

Embarquez le long de la **Côte de Granit rose★★★**. Un premier arrêt à **Ploumanac'h★★**, et déjà des étoiles dans les yeux (ou, en cas de vent, du sable) : on se promène autour de ce petit port de pêche pour découvrir les formes curieuses des **rochers★★** alentour. À **Trégastel-Plage★★**, on marche le long des étendues de sable fin. Par beau temps, allez percer les mystères de l'**île Renote★★**, toute de granit vêtue. En cas de pluie, réfugiez-vous à l'**Aquarium marin** : niché au cœur de grottes naturelles, on y découvre la faune des fonds-marins bretons parmi 28 bassins d'eau de mer. Un dernier arrêt pour la route ? **L'île Milliau★**, accessible à marée basse, n'est pas bien grande, mais recèle près de 280 espèces botaniques. Préparez votre plus beau carnet, c'est le moment de commencer un herbier !

DÎNER ET NUIT À LANNION

À l'**Anthocyane**, on se laisse porter par le mélange d'influences nippones et de cuisine contemporaine française. En entrée, on aime la fraîcheur du sorbet mâche/yuzu qui accompagne les Saint-Jacques, au dessert, on frissonne de plaisir en savourant la glace miso. *25 av. Ernest-Renan - www.lanthocyane.com - €€€€.*

Une dizaine de minutes en voiture vous sépare de votre lit, au **Brit Hôtel Aux Hortensias**. On ne sera pas surpris si vous rêvez de littoral !

R. de Nivern Bihan - hotel-lannion.brithotel.fr - €.

4e Étape

DÉPART DE LANNION

Entre Lannion et Morlaix, la route suit la méconnue **Côte des Bruyères★**, un littoral plus sauvage qui cache quelques plages et criques idéales pour des après-midi en famille. Les jours de grands vents, afin d'admirer les rouleaux d'écumes venant s'échouer sur les récifs saillants, on apprécie la **montée du Grand Rocher★** : 20mn de marche et hop, on est au sommet du belvédère, à contempler la **vue★** sur la Lieue de Grève. À **Morlaix★★**, autorisez-vous une flânerie à travers les venelles de son **centre historique★**. Le **viaduc★**, dominant les maisons à colombages bariolées, donne à la ville des airs de conte du 19e s. On s'attendrait presque à voir une sorcière apparaître au coin d'une rue!

DÉJEUNER À MORLAIX

Comme Hansel et Gretel attirés par la maison de pain d'épices, vous serez charmés par **Le 21ème Commis** ㊂, jeune établissement niché entre deux demeures à colombages. Le chef y exprime sa singularité dans des plats aussi simples que des poireaux vinaigrette, à travers quelques touches d'assaisonnement inspirées. *23 r. du Mur - www.le-21-eme-commis-restaurant-morlaix.fr - €/€€.*

Nous, on a nos petites habitudes: de Morlaix à l'île Callot, un **circuit★★** *(15 km par la D 73)* longe la rive gauche de la rivière. L'estuaire de la Penzé se découvre petit à petit, révélant écueils et îlots. Arrivé à **Carantec**, on traverse les plages et rochers de cette station balnéaire qui accueillent tant les touristes estivaux que les oiseaux venus hiverner. Une excursion sur l'**île Callot** permet de découvrir des plages plus sauvages et, pourquoi pas, une dernière baignade à l'ombre des pins. La **baie de Morlaix★★** présente au coucher du soleil des couleurs dignes d'une aquarelle de Turner (on dit ça, on dit rien). Avant d'aller dîner, attardez-vous dans le centre de **Roscoff★** et le vieux port qui recèlent des **maisons anciennes★** en granit.

DÎNER ET NUIT À ROSCOFF

Vous n'avez quand même pas cru qu'on allait vous laisser partir sans avoir goûté les crustacés de la région? Terminez votre périple en beauté devant une assiette du pêcheur ou un plateau signature **Chez Janie**, véritable institution en la matière. À l'étage, les chambres sont décorées avec le plus grand soin: on y dort parmi les vers... de poètes bien sûr! *5 r. Gambetta - www.chezjanie.fr - €€/€€€.*

ADRESSE

Tous les jeudis à Lannion, des quais d'Aiguillon à la place Marchallac'h, la fraîcheur de l'air marin accompagne celle des produits du plus grand **marché** des Côtes-d'Armor. Et pour y faire le plein de produits fermiers et bio, direction le parking de Caërphilly!

ALTERNATIVE

Pour manger sur le pouce, la **crêperie L'hermine** est l'endroit idéal. Déco rustique et petits prix, on craque tout particulièrement pour les galettes de la mer: le littoral est dans la crêpe! *35 r. Ange-de-Guernisac - f - €/€€.*

À VOIR AUSSI

Au mois d'août, ne ratez pas la **fête de l'oignon**, deux journées consacrées à la star de la table roscovite. On l'y déguste sous toutes ses formes: en tarte, en soupe, en compote. Une destination à privilégier en famille plutôt qu'en lune de miel. *6 r. Jeanne-d'Arc.*

UN GRANIT HAUT EN COULEUR

Les formes curieuses des énormes rochers de granit rose sont dues à l'érosion. Le granit est composé de quartz, de mica et de feldspath. Ce dernier se transforme en kaolin, qui est lessivé par l'eau, et le résidu des grains de quartz donne le sable que les pluies ou les vagues emportent. Peu à peu, la pierre se façonne et présente des aspects surprenants, dont des empilements à l'équilibre hardi et des pierres branlantes. Les imaginations locales n'ont pas manqué de baptiser certains de ces rochers: chapeau de Napoléon, gnome, sorcière, tête de mort, éléphant, baleine, bélier, cheval, fauteuil, parapluie, sentinelle, tire-bouchon...

Et si on allait voir plus loin

Notre sélection de sites, adresses, expériences insolites en dehors de l'itinéraire

BINIC-ÉTABLES-SUR-MER

Glamping Terre et Mer

Tipi, écolodge, bungalow... Tout ce qui existe en matière de cabanes chics se trouve dans ce domaine dédié au slow tourisme. Piscine, pataugeoire, mini ferme et aire de jeux feront le bonheur des familles. Plage du Moulin à 15mn à pied.
23 r. de la Ville-Es-Rouxel - glamping-terre-mer.fr

BON-REPOS-SUR-BLAVET

Katoune

À bord d'une toue, bateau traditionnel de la Loire, naviguez entre le lac de Guerlédan et Gouarec dans les paysages bucoliques du Blavet.
Écluse de Bon-Repos - www.katoune.bzh

BREST

Conservatoire botanique national★★

Dédié aux plantes menacées d'extinction, on y admire par exemple la spectaculaire floraison du géranium de Madère. Le parc paysager dévoile des plantes ornementales, dont de magnifiques magnolias et camélias. Les serres déclinent divers milieux exotiques : l'étage montagnard tropical, les îles subtropicales, les zones tropicales sèches et les forêts tropicales humides.
Rampe du Stang-Alar - www.cbnbrest.fr

BRIGOGNAN-PLAGES

Hôtel de la Mer

Emplacement idéal, les pieds dans l'eau. Les chambres de cet éco-hôtel responsable ont vue sur mer tandis que les appartements donnent sur la lande. Spa, bistrot, salon de thé, et restaurant où l'on se régale de produits... locaux, évidemment.
Plage des Chardons Bleus - www.hoteldelamer.bzh

CANCALE

Sorties en mer

L'**association Al Lark** propose des sorties en mer dans les baies de St-Malo et du Mont-St-Michel pour observer de près dauphins et autres mammifères marins. Guides passionnés et engagés. *50 r. P.-et-M.-Curie - www.al-lark.org.*
Envie de découvrir le milieu maritime à bord d'un voilier de pêche traditionnel ? La **Bisquine,** La **Cancalaise**, est faite pour vous.
La halle à Marée - www.lacancalaise.org

Les Petits Fruits de la Baie

Exploitation de fruits rouges et de kiwis. Boutique de produits de la ferme : fruits récoltés sur place (qualité et fraîcheur garanties), miel et confitures maison.
5 r. des Clossets - St-Méloir-des-Ondes - www.petits-fruits-de-la-baie.fr

CARNOËT

La vallée des Saints★★

Un rêve de granit et un projet fou ! Depuis 2009, une vingtaine de sculpteurs font naître de blocs de granit des statues monumentales placées ensuite sur la colline de Saint-Gildas offrant une très belle vue à 360° sur toute la campagne alentour. Un panorama insolite au lever du jour lorsque la brume s'élève de la vallée et découvre les statues les unes après les autres.
Quénéquillec - www.lavalleedessaints.com

DOL-DE-BRETAGNE

Promenade des Remparts

Ce jardin public joliment réaménagé longe la douve des remparts nord. On y voit la grosse tour des Carmes, l'une des 12 tours de défense. De là, belle vue sur le mont Dol et le « marais ». *3 r. des Murets*

Le Domaine des Ormes

Ce « village vacances » propose hôtel, chalets, mobile homes, cabanes flottantes dans les arbres et cottages-huttes. Côté loisirs : golf, parc aquatique, tyroliennes, dôme avec piscine ouverte toute l'année... Snack, restaurant, bar et discothèque. Labellisé Clef Verte. *7 km au sud par rte de Combourg - www.lesormes.com*

ÎLE DE QUÉMÉNÈS

Chambre d'hôte Ferme de Quéménès

Partagez la vie de la famille (seuls habitants de l'île de Quéménès !) qui a créé ici en 2018 une ferme biologique autonome en énergie. Expérience dépaysante et humaine assurée. *www.quemenes.bzh*

LANRIVAIN

Lieux mouvants

Rencontres avec des artistes, jardiniers, chefs, historiens, dans sept lieux naturels de la région, organisées par l'association **Dialogues avec la Nature**.
www.lieux-mouvants.com

LÉDÉNEZ (MOLÈNE)

Maison des géomoniers

Séjour atypique dans ce gîte situé sur l'îlot de Lédénez, accessible à pied à marée basse (sous réserve des coefficients de marée). Deux autres refuges de mer (8 places chacun) sont également disponibles à la location sur l'îlot.
Îlot du Lédénez - www.laroutedespingouins.fr

MONT-ST-MICHEL

Musée de la Mer et de l'Écologie

La visite audioguidée et des films présentent l'environnement naturel du Mont, les mécanismes des marées et les dangers de la baie, ainsi que le phénomène d'ensablement. Collection de 250 maquettes anciennes de bateaux.
R. Principale - www.lemontsaintmichel.info

Birding Mont-St-Michel

Sébastien Provost, guide ornithologue-naturaliste, propose des sorties et stages qui allient observation des oiseaux, découverte sensorielle, approche artistique de la nature et séances contemplatives zen. Dans la vallée du Couesnon, sur les falaises de Carolles ou dans la baie.
Rte de Sartilly - birding-msm.com

PENZÉ-TAULÉ

Ecopark de Penzé

Parcours dans les arbres pour toute la famille, tyrolienne de 300m. Dans un souci de développement durable, les parcours sont déplacés chaque année pour ne pas abîmer les arbres.
Route nationale - ecopark-adventures.com

PLÉNEUF-VAL-ANDRÉ

Le Panier iodé

Embarquez à bord d'une betteravière pour découvrir au plus près tous les aspects du métier de mytiliculteur dans la baie. Et pour les amateurs, espace dégustation et boutique.
Zone mytilicole de Jospinet - Planguenoual - lepanieriode.com

ST-BENOÎT-DES-ONDES

Le Belvédère des ondes

Site patrimonial, œuvre contemporaine et point de vue imprenable, l'ancien moulin de la Croix a été transformé en belvédère par l'artiste Jean-Luc Vilmouth. Il offre une vue à 360° sur toute la baie du Mont-St-Michel.
Moulin de St-Benoît-des-Ondes - www.ville-saint-benoit-des-ondes.fr

SAINT-BRIEUC

Chaos du Gouët★

Cette randonnée de 2h suit le cours du Gouët. De spectaculaires chaos granitiques ponctuent le parcours, sous une dense couverture boisée, créant une ambiance pleine de mystère. Les vestiges de moulins bordent la rivière qui était, jusqu'à la révolution industrielle, la principale source d'énergie naturelle de la région.
Fiche détaillée disponible à l'OT ou téléchargeable sur www.baiedesaintbrieuc.com

La Végétalerie

Un salon de thé niché dans un concept store axé sur le végétal. Les plantes s'achètent et se consomment également sous forme de matés ou infusions, accompagnées de pâtisseries maison. *1 r. de Rohan -*

ST-POL-DE-LÉON

Légumes Project

La culture des artichauts, des oignons et des choux-fleurs n'aura plus de sécrets pour vous si vous visitez cette ferme pédagogique bio et son espace musée. Possibilité de monter sur le tracteur, de semer et de goûter la production.
Ferme de Kerguélen - www.legumes-project.com

VAINS

Ferme des Cara-Meuh !

Petit détour gourmand conseillé dans cette ferme bio où une famille de passionnés décline une savoureuse gamme de caramels élaborés à partir du lait de leurs vaches normandes.
11 rte St-Léonard - cara-meuh.com

ITINÉRAIRE 5 - BOURGOGNE

4 JOURS - 236 KM

AUXERRE > COULANGES-LA-VINEUSE > AVALLON > SAINT-BRISSON > LAC DES SETTONS > BAZOLLES > CHÂTILLON-EN-BAZOIS > BIBRACTE

La campagne à déguster à coups de pédales

CATHÉDRALE D'AUXERRE

1re Étape

DÉPART D'AUXERRE

Ne quittez pas **Auxerre★★** avant d'avoir arpenté son centre médiéval, en particulier la remarquable **cathédrale★★** et les ruelles qui dégringolent vers l'Yonne abritant de coquettes maisons à pans de bois colorées. Vous serez peut-être aussi tenté par la **coulée verte** à pied ou à vélo : une balade bucolique aménagée sur l'ancienne voie de chemin de fer qui fait le tour de la ville *(12 km - 3h à pied, 1h à vélo - pls accès dont la gare sncf et la passerelle de la Liberté - www.ot-auxerre.fr)*. Cap ensuite sur **Coulanges-la-Vineuse**, petit village haut perché, entouré de vignes et de cerisiers, témoignant d'une tradition viticole antique.

DÉJEUNER À COULANGES-LA-VINEUSE

Ne manquez pas un repas à **J'MCA** : une institution ! Ce restaurant contemporain propose une cuisine de saison bien ficelée avec une carte renouvelée chaque semaine, au gré des inspirations du chef et du marché.
12 r. André-Vildieu - www.jmca-restaurant.fr - €€.

Dans la **vallée de la Cure★**, engouffrez-vous dans la **grande grotte★★** d'Arcy-sur-Cure, une visite passionnante et émouvante, lorsque l'on découvre des mammouths, des cervidés, des traces de mains, peintes il y a environ 30 000 ans ! La caverne abrite aussi une succession de salles et de galeries décorées de stalactites, stalagmites, et autres concrétions d'aspect fantastique *(www.grottes-arcy.net)*. Poursuivez l'exploration à l'extérieur par une **promenade sur les bords de la Cure** : un agréable chemin ombragé remonte la rive gauche de la rivière jusqu'à St-Moré, au pied d'escarpements calcaires creusés d'une quinzaine de grottes, en cours de fouilles *(30mn AR)*. Fin de journée à **Avallon★**, où vous ferez le tour des remparts pour vous mettre en appétit.

DÎNER ET NUIT À AVALLON

Allez, poussez la porte du **1815**, un élégant établissement historique. Vous vous régalerez d'une cuisine moderne teintée de tradition, de haute tenue, où se côtoient escargots de Bourgogne, risotto à la truffe et poire pochée. Les chambres, aux meubles d'époque restaurés, ne manquent pas non plus de classe.
13 pl. Vauban - hoteldelaposteavallon.com - €€€€.

2e Étape

DÉPART D'AVALLON

Plongeons aujourd'hui au cœur du mystérieux et merveilleux **massif du Morvan★★**, à l'écart des grandes routes, à travers les vastes forêts, les escarpements rocheux, les cours d'eau et les lacs, à commencer par celui de **Saint-Agnan** dont on pourra faire le tour par le sentier de découverte *(9km, 2h)*. Arrêt indispensable à **St-Brisson** à la **maison du Parc régional du Morvan** : promenez-vous dans

LE CANAL DU NIVERNAIS

Auxerre est le point d'arrivée, ou de départ (car on peut le suivre dans les deux sens), du canal du Nivernais qui démarre à Decize. 170 km de chemin de halage aménagé pour les cyclistes dans un environnement verdoyant, et préservé. Un petit joyau plein de surprises et... peu fréquenté, chut !
Location de vélo à Auxerre : maison du vélo (Batardeau) - 1 pl. Achille-Ribain - maison-velo.fr

ADRESSE

Vous préférez une étape de charme en pleine nature ? Optez pour l'**Hostellerie du Moulin des Ruats**. Discrètement lové au bord du Cousin, au pied d'Avallon, l'ancien moulin dispense fraîcheur et sérénité. Les chambres, douillettes, invitent au repos. À la table, des plats traditionnels à base de produits locaux de qualité.
23 r. des Isles Labaumes (3 km au sud d'Avallon) - moulindesruats.com - €€€.

l'arboretum, l'herbularium, le verger conservatoire, sur le sentier de découverte de l'étang Taureau, sans oublier le parcours pieds nus ! *tourisme.parcdumorvan.org*

DÉJEUNER À SAINT-BRISSON

Profitez de l'environnement verdoyant sur la terrasse du **bistrot du Parc** en savourant une assiette composée de produits régionaux, bio pour la plupart, accompagnée d'un jus de fruits local ou d'une bière brassée dans le coin. *www.lebistrotduparc-morvan.fr - €€.*

Gagnez le **saut de Gouloux** par un sentier qui borde les ruines d'un ancien moulin, le Caillot forme ici une belle cascade au milieu de la forêt *(GR 13 - 15mn AR)*. Rejoignez ensuite le **lac des Settons★** qui s'étale au travers de la vallée de la Cure dans un joli écrin de sapins et de mélèzes. Entre activités nautiques (voile, canoë-kayak, paddle, planche à voile) et autres sports de pleine nature (randos, VTT), vous vous en donnerez à cœur joie. *Base nautique et location de vélo : activital.net*

DÎNER ET NUIT AU LAC DES SETTONS

Installez-vous sans hésiter dans la grande salle lumineuse des **Grillons du Morvan,** qui bénéficie d'une belle vue sur la nature. Ce restaurant familial sert une cuisine simple, à base de produits locaux et frais. L'accueil est charmant. Une excellente adresse, sans prétention, dotée de chambres confortables. *6 rte Rive Reine du Lac des Settons, rive droite du barrage - www.lesgrillonsdumorvan.com - €€.*

3e Étape

DÉPART DU LAC DES SETTONS

Cap sur le **lac de Pannecière★**, le plus grand des lacs morvandiaux, qui s'étend dans un joli site de collines boisées *(plusieurs sentiers de randonnée)*. La route franchit la crête du barrage, d'où la vue s'étend sur les sommets du Morvan, avant de passer, un peu plus loin, sous l'**aqueduc de Montreuillon**, impressionnant ouvrage d'art, et de rejoindre **Sardy-lès-Épiry** et le **canal du Nivernais★★**. À cet endroit, le canal franchit un dénivelé de près de 50 m, au moyen de la célèbre **échelle de Sardy★** : une enfilade de 16 écluses noyées dans la verdure ! Parcourez à pied ou à vélo le chemin verdoyant et hors du temps qui longe ces incroyables ouvrages *(3,6 km)*. Certaines maisons éclusières sont occupées par des artistes ; vous pourrez faire une pause café à l'une d'entre elles, la n° 6. Une fois passé Port-Brûlé, les eaux du canal disparaissent sous les **voûtes de la Collancelle★**, trois ouvrages que l'on peut découvrir en bateau électrique à partir de l'étang de Baye.

DÉJEUNER À BAZOLLES (ÉTANG DE BAYE)

Idéalement placée en bordure du canal du Nivernais, **La Marine** sert une cuisine traditionnelle de qualité. Vous pourrez aussi craquer pour quelques produits locaux dans l'espace épicerie. *8 rte de l'Étang - €€.*

À VOIR AUSSI

L'Écomusée du Morvan est un réseau de neuf maisons à thème et de trois sites associés qui ont pour vocation de raconter l'histoire du Morvan et des Morvandiaux au fil des échanges et des migrations. À St-Brisson, au sein de la Maison du Parc, visitez la **Maison des Hommes et des Paysages**, et le **musée de la Résistance en Morvan**. *www.parcdumorvan.org - museeresistancemorvan.fr*

FLOTTAGE DU BOIS

Avec son charme suranné, on en oublierait presque pourquoi le canal du Nivernais a été construit : faciliter le flottage du bois vers Paris qui manquait de bois de chauffage. Provenant de la région de Châtillon-en-Bazois, ce bois allait rejoindre celui des forêts du Morvan pour lequel un système de flottage avait déjà été mis en place depuis Clamecy.

Séparés par une digue, les **étangs de Baye et de Vaux**, qui alimentent le canal, offrent une grande richesse écologique. Profitez des aménagements et activités : sentiers pédestres balisés, pêche, **baignade** et **sports nautiques**, vélo le long du canal. Au départ de la digue, le **sentier du Martin-Pêcheur** serpente dans la forêt jusqu'à un poste d'observation sur l'étang de Vaux *(1,5 km)*.
Gagnez ensuite **Châtillon-en-Bazois**, charmant bourg établi le long du canal et l'un des centres les plus importants de la navigation de plaisance en Bourgogne.

DÎNER À ALLUY ET NUIT À CHÂTILLON-EN-BAZOIS

Ce soir, faites-vous plaisir à **La Grangée** à Alluy *(3 km au sud du bourg)*. Le chef met en avant la production locale (charolais, légumes bios, pintades de Vandenesse) et la cueillette, qu'il pratique lui-même : baies sauvages, herbes... Une réussite ! *www.restaurantlagrangee.com - €€€€.*
Que diriez-vous de passer la nuit dans une douillette chambre aménagée dans un foudre (vaste tonneau en bois pour faire vieillir le vin) installé dans le jardin, ou dans un bateau amarré sur le canal ? **Au Foudre du Bazois** propose ces hébergements insolites de plein air, mais aussi des chambres classiques.
2 bis pl. Pierre-Saury - www.gite-au-foudre-du-bazois.com - €€.

4e Étape

DÉPART DE CHÂTILLON-EN-BAZOIS

Direction le **mont Beuvray★★**, un site incontournable du Morvan : sur son sommet (alt. 821 m) se trouvait l'**oppidum★★** gaulois de **Bibracte**, capitale des Éduens au 1er s. av. J.-C. Redécouvert au 19e s., le site compte aujourd'hui parmi les grands chantiers européens consacrés à l'époque gauloise. Commencez par la visite du **musée★★**, passionnante, avant de partir explorer l'oppidum *(on vous recommande la visite guidée)*. Vous pourrez parcourir différents circuits pédestres : centre-ville de Bibracte, tour des remparts et chemin de maraude *(3 à 5,9 km)*. Ce site historique et naturel est remarquable, riche de profondes futaies de hêtres séculaires, de pelouses sèches parsemées de fleurs sauvages et de belvédères ouvrant sur les superbes paysages du Morvan. Régalez-vous !

DÉJEUNER À BIBRACTE

Restez dans le thème et laissez-vous tenter par l'original repas gaulois du **Chaudron**, composé de produits locaux et pour la plupart bio que les Gaulois consommaient, arrosé d'une cervoise de Bibracte. *À côté du musée - www.bibracte.fr - €.*

ADRESSE

Un tour à vélo, en planche à voile, catamaran, paddle ou canoë ? Tout est possible en rejoignant **Activital**, la base sport et nature installée au bord de l'étang de Baye qui propose aussi la découverte du canal et des voûtes de la Collancelle en VTT à l'aller, et paddle ou canoë au retour. Pour louer un bateau électrique à Baye, contactez **Aquafluvial** - *www.activital.net - www.aquafluvial.fr*

ADRESSE

À Châtillon-en-Bazois, vous trouverez des vélos auprès de **Hello Vélo**, qui dispose aussi de 3 chambres d'hôtes aménagées dans une jolie maison au bord du canal. *www.hello-velo.com*

ADRESSE

Avis à ceux qui voudraient prolonger le périple dans un écrin de verdure et d'eau : le **château d'Ettevaux**, à 14 km au sud de Bibracte est le lieu idéal pour se ressourcer, en particulier dans de belles cabanes de charbonnier, construites entièrement en bois et posées sur pilotis au milieu d'un étang ! *Poil - www.cabaneslacustres.fr - €€€.*

Et si on allait voir plus loin

Notre sélection de sites, adresses, expériences nature en dehors de l'itinéraire

ANDRYES

Le Marais

Site naturel très préservé, le marais d'Andryes se découvre grâce à plusieurs sentiers d'interprétation. Le sentier de découverte vous fera cheminer dans une enclave de biodiversité, entre étang, rives du ruisseau, forêt et prairies humides *(3,6 km)*. Un guide distribué à l'entrée du marais vous donnera des informations sur la faune, la flore et le patrimoine liés à cette zone. N'oubliez pas le pique-nique, une aire est aménagée autour de l'étang de Cornoy. *Parking au niveau de l'étang de Cornoy.*

CANAL DE BOURGOGNE

La Bourgogne est un paradis pour les cyclistes. La véloroute **Le Tour de Bourgogne** permet de faire le tour de la région grâce à un incroyable réseau de voies vertes et de canaux aménagés (canal de Bourgogne, canal du Nivernais, canal latéral à la Loire...). Vous pourrez par exemple expérimenter le **tronçon de Tonnerre à Alésia**, où vous profiterez de la tranquillité des voies de halage, ainsi que des beaux paysages de cette contrée riche en histoire : collines boisées, villages en pierre de Bourgogne, splendides châteaux et abbaye de renom.

CUFFY

Bec d'Allier★

C'est ici que l'Allier vient retrouver sa fougueuse compagne la Loire. Le **sentier du bec d'Allier** *(3 km)* permet d'aller au plus près du site préservé, dans un paysage d'une grande diversité et en évolution permanente : forêts alluviales, îlots, grèves et bras morts, prairies, landes... Un peu en amont, ne manquez pas le surprenant **pont-canal du Guétin** (1838) : avec ses deux écluses, il permet au canal latéral à la Loire d'enjamber l'Allier. Et, sur l'autre rive de l'Allier, le **sentier du Passeur** relie, depuis Gimouille, le pont-canal et le bec d'Allier *(boucle de 6 km)*.

PARC NATIONAL DE FORÊTS

Cinq grandes forêts forment le cœur du **Parc national de forêts**★ sur une superficie de 566 km^2 : Châtillon, de la Chaume, d'Auberive, d'Arc-Carrefour et d'Arc-Châteauvillain. Elles abritent une faune et une flore riches, mais aussi sensibles, que vous explorerez lors de belles randonnées, à pied, à cheval ou encore avec un âne, et d'autres activités de pleine nature. Ne manquez pas la forêt de Châtillon, les curieux marais du Cônois et maison de la forêt à Leuglay. *www.forets-parcnational.fr*

SOLUTRÉ-POUILLY

Roche de Solutré★★

D'une importance archéologique de premier plan, ce superbe escarpement calcaire, dont la forme insolite s'élève au-dessus des vignes, a révélé l'un des plus riches gisements préhistoriques d'Europe. Vous découvrirez à pied ce site emblématique du Sud mâconnais qui délivre à son sommet (alt.493 m) un panorama époustouflant *(1h AR - marques jaunes)*. On vous recommande de visiter le **musée Préhistorique**★ et de parcourir le **jardin botanique** qui dévoile des espèces végétales d'une grande richesse. Voyez aussi la **maison du Grand Site** qui présente une exposition permanente consacrée à l'histoire du paysage et à sa conservation. *rochedesolutre.com*

TAINGY

Carrière souterraine d'Aubigny★

Cette carrière fait partie d'une entité naturelle de plusieurs milliers d'hectares, célèbre pour son gisement de calcaire caractéristique du Jurassique. Les pierres ont notamment servi à la construction du Louvre, des pieds de soutènement de la tour Eiffel et de la cathédrale de Sens. L'extraction des blocs de pierre a laissé place à d'impressionnantes grottes. Vous découvrirez, au fil des salles baignées d'ombre et de lumière, des œuvres d'inspiration tantôt classique, tantôt moderne, taillées et sculptées par les Compagnons. Car le savoir-faire de ces artisans de talent a trouvé ici un lieu d'exposition privilégié. *www.carriere-aubigny.com*

TOUCY

Le **train touristique du pays de Puisaye-Forterre** entre Villiers-St-Benoît et Moutiers-la-Bâtisse, via Toucy, vous fera traverser les paysages verdoyants de la Puisaye : bocages, forêts et étangs défilent sur 30 km. Avec un billet valable toute la journée, montez et descendez à votre guise ! *www.train-depuisaye.com*

ITINÉRAIRE 6 - ALSACE

4 JOURS - 217 KM

WISSEMBOURG > CLIMBACH > UTTENHOFFEN > LA PETITE-PIERRE > SAVERNE > NIDECK > OBERHASLACH > BELLEFOSSE > MONT SAINTE-ODILE > OBERNAI

Entre forêt verte et grès rose

ADRESSE

Ne manquez pas de goûter à l'un des produits phare de la gastronomie alsacienne : on vient **Au Ptit Kougelhopf** pour ses pains, mais avant tout pour ses kougelhopfs bien sûr. Sucrés ou salés, mini ou géants, à l'unité ou au poids, ils sont divinement bons ! *20 r. Nationale - Wissembourg.*

À VOIR AUSSI

Si, le nord de l'Alsace a aussi sa route des vins, plus confidentielle : le **vignoble de Cleebourg.** Découvrez-la en suivant l'un des sentiers d'interprétation au départ de la cave viticole. *www.cave-cleebourg.com*

ALTERNATIVE

L'**Hôtel Muller** à Niederbronn, avec ses belles chambres spacieuses et colorées donnant sur le parc, et son spa avec piscine intérieure, est aussi une bonne adresse. *16 av. de la Libération - www.hotelmuller.com - €€€.* Pour le dîner, nous vous recommandons également le **Cygne** ☺ pour sa cuisine de bistrot revisitée. *35 Grand Rue - Gundershoffen - www.aucygne.fr - €€€.*

1re Étape

DÉPART DE WISSEMBOURG

Ne quittez pas **Wissembourg★★** avant que la cité fortifiée de « l'Alsace verte » – entourée d'eau et de verdure –, ne vous ait livré quelques-uns de ses secrets : remparts, quartiers anciens, « Petite Venise », ribambelle de maisons bâties avant 1700 et monumentale **abbatiale gothique★**. Partons ensuite pour une aventure hors normes : au **Chemin des Cimes★**, on déambule à hauteur de la cime des arbres (épicéas, pins et hêtres). De la tour panoramique, à 29 m de haut, on embrasse toute la plaine du Rhin, la Forêt-Noire et le **Parc naturel régional des Vosges du Nord★★**, aux paysages exceptionnels, que nous allons traverser. *treetop-walks.com/alsace*

DÉJEUNER À CLIMBACH

En pleine forêt, en face d'une cabane qui servit de cantine pendant la construction de la ligne Maginot, l'**auberge du Pfaffenschlick**, longtemps fréquentée par les seuls randonneurs, continue de servir une cuisine ménagère du cru, solide et abondante. Profitez de l'agréable terrasse. *Col de Pfaffenschlick - restaurant-du-pfaffenschlick.com - €€.*

Petite promenade digestive sur le **sentier des Poètes** dans le charmant village de **Lembach** à la découverte de la nature, du petit patrimoine local et d'écrivains alsaciens, rendant hommage à la forêt, l'eau et les beautés du patrimoine *(7 km - facile - dép. de la pl. de la mairie - balisage rond jaune).* Cap maintenant vers les ruines des **châteaux de Wind stein**, établis dans un site magnifique, chacun sur sa butte à 500 m l'un de l'autre : le **Vieux Windstein★** (fin du 12e s.) a conservé ses escaliers, des chambres, les cachots et un puits, creusés à même la roche *(45mn à pied AR - dép. près de la mairie).* Son jeune acolyte, le **Nouveau Windstein★** (13e-14e s.), de style gothique, a gardé, lui, une partie de ses fortifications et de belles fenêtres géminées (30/40mn à pied AR). Des deux édifices, vous bénéficierez d'un très joli panorama sur les sommets environnants. Un petit tour à pied dans **Niederbronn-les-Bains**, avec sa source qui jaillit depuis 2 000 ans en plein cœur de la ville, vous mettra en appétit.

DÎNER À NIEDERBRONN-LES-BAINS ET NUIT À UTTENHOFFEN

Dans la chaleureuse winstub **Zuem Buerestuebel**, le chef vous concoctera une cuisine aux saveurs alsaciennes, servie avec attention dans un décor qui l'est tout autant. *9 r. de la République - www.winstub-zuem-buerestuebel.com - €€.* Gagnez ensuite votre chambre d'hôte au **Jardin de la ferme bleue**, nichée dans le village d'Uttenhoffen, tout proche de Niederbronn. Un pépite insolite qui abrite, dans la maison à colombages, une chambre confortable et coquette, ainsi qu'un fabuleux jardin se déclinant en plusieurs thèmes, avec des sculptures contemporaines. Arrivez tôt pour profiter des lieux enchanteurs. *21 r. Principale - jardinsdelafermebleue.com - €€.*

2e Étape

DÉPART DE UTTENHOFFEN

À **Ingwiller**, le **sentier botanique et poétique du Seelberg** *(6 km - 1h45 - dép. de la maison forestière du Seelberg - balisage feuille d'érable - niveau moyen)* vous fera découvrir différentes essences d'arbres de la belle forêt et des extraits de poèmes. Puis direction **La Petite-Pierre★**, perchée au cœur du sublime massif forestier des Vosges. Ce ravissant bourg fortifié par Vauban a conservé les vestiges de ses remparts que vous aurez plaisir à longer *(sentier des remparts - 1 km 40mn)*. Les alentours recèlent des chemins variés et balisés pour promeneurs ou pour cyclistes *(location de VTT sur place. tourisme.hanau-lapetitepierre.alsace)*.

DÉJEUNER À LA PETITE-PIERRE

Installez-vous dans l'élégant décor du **Lion d'Or** avec vue panoramique sur la vallée. Au choix, de bonnes recettes régionales, très « nature » à la winstub ou une cuisine plus raffinée au restaurant gastronomique.
15 r. Principale - www.liondor.com - €€/€€€.

Ne manquez le village de **Graufthal** pour ses **maisons troglodytiques** maçonnées dans d'impressionnantes falaises de grès rouge hautes de 70 m qui furent habitées jusqu'en 1958 ; promenez-vous dans ce site étonnant. *(www.maisonsdesrochers-graufthal.fr)*. Au **col de Saverne**, un merveilleux **jardin botanique** vous attend. Poétique à souhait, il bénéficie du terreau idéal pour une quinzaine d'espèces d'orchidées poussant à l'état sauvage (floraison aux mois de mai et juin). Les sentiers qui serpentent sur 2 km à flanc de colline vous permettront de découvrir 2200 espèces de plantes ! *(jardin-botanique-saverne.eu)*.
Allez, une petite promenade de fin de journée à **Saverne★** pour explorer le château des Rohan, les maisons à colombages, les jardins, la fabuleuse roseraie (en saison), sans oublier le canal de la Marne au Rhin. Nous voilà au port de plaisance, spot parfait pour pendre un verre sur l'eau à **L'Apéro barge**. À moins que vous ne préfériez **La Terrasse White Saverne**, pour la vue sur le château et les couchers de soleil, spectaculaires !

DÎNER ET NUIT À SAVERNE

Entrez dans l'une des plus belles et anciennes maisons d'Alsace (1605), la **Taverne Katz**. Ici, on défend depuis des décennies la cuisine locale dans une atmosphère conviviale. *80 Grand'Rue - www.tavernekatz.com - €€.*
Dormir au cœur de la verdure vous tente ? Filez à **La Garenne**, une belle bâtisse alsacienne installée sur les hauteurs de Saverne où certaines chambres donnent littéralement l'impression d'être perché en pleine nature ! Pour la détente, l'espace bien-être et le sauna vous attendent...
88 r. du Haut-Barr - www.lagarenne-hotel.fr - €€€.

VERRERIES DES VOSGES

Dans les Vosges du Nord, les premières traces de la verrerie remontent au 15e s. Le territoire réunissait en effet les éléments indispensables pour le développement de cette activité : le sable, contenu dans les massifs de grès, les rivières pour nettoyer le sable et le bois, utilisé comme combustible. Si le sujet vous intéresse, visitez le **site verrier de Meisenthal★** et **La Grande Place musée du Cristal St-Louis★★**. *site-verrier-meisenthal.fr - www.saint-louis com*

À VOIR AUSSI

Par le canal de la Marne au Rhin, rejoignez à vélo le **plan incliné de Saint-Louis-Arzviller★** depuis Saverne. Cet impressionnant ouvrage a permis de remplacer 17 écluses ! On vous recommande chaudement ce très joli itinéraire sans dénivelé (ou si peu !), sur la voie verte EuroVelo 5, qui longe les anciennes écluses - *15 km aller - location de vélo à l'office de tourisme de Saverne - www.tourisme-saverne.fr*

3ᵉ Étape

DÉPART DE SAVERNE

Arrêt impératif au **château du Haut-Barr★** situé sur une barre rocheuse qui domine la vallée de la Zorn et la plaine d'Alsace. Son panorama exceptionnel a valu à la forteresse (12ᵉ s., remaniée au 16ᵉ s.) le surnom d'« Œil de l'Alsace ». Promontoire, escalier et passerelle vous permettent de gravir les rochers et d'atteindre différents points de vue. Depuis le château du Haut-Barr, un sentier de randonnée conduit en 10mn aux châteaux Grand et Petit Geroldseck (12ᵉ s.), autre site grandiose. Après avoir traversé la belle **forêt de Saverne**, la route poursuit à travers celle d'**Haslach**, tout aussi réjouissante. Garez-vous sur le parking en contrebas de la maison forestière du Nideck et prenez le sentier qui vous mène au **château et à la cascade du Nideck★★** *(1h45 à pied AR pour les deux sites)*.

DÉJEUNER AU NIDECK

Quoi de mieux que le cadre romantique du Nideck : une tour du 13ᵉ s. et un donjon du 14ᵉ s., vestiges de deux châteaux incendiés en 1636, avec une vue somptueuse pour faire une **pause pique-nique**. Le site de la cascade, à 15mn de là, est aussi un superbe spot.

Pousuivez vers Oberhaslach où vous parcourrez le **sentier des géants du Nideck** (Sandweg). En pleine forêt, vous découvrirez des œuvres monumentales réalisées par des artistes contemporains en grès des Vosges, sur le thème des géants. *5 km - facile - www.communeoberhaslach.fr*

DÎNER ET NUIT À OBERHASLACH

Repos et bien-être garantis à la chambre d'hôtes **Lotel** au cœur du village. Une grande et belle ferme restaurée, où dominent le bois et la pierre, il n'en faut pas plus pour profiter de la tranquillité des lieux. Au chaleureux restaurant, vous vous régalerez d'une cuisine de marché, avant une petite promenade digestive dans le jardin de sculptures attenant. *24 r. deMolsheim - lotel.valleedelabruche.fr - €€.*

ADRESSE

Pour le pique-nique du jour, garnissez votre sac à dos à la **boulangerie-pâtisserie artisanale Boistelle** avant de quitter **Saverne** : très bons sandwiches, tourtes, focaccia, à partir de matières premières de qualité et de farines locales (certains pains bio). *92 Grand'Rue-boistelle.com*
Profitez-en aussi pour faire un stop à la **chocolaterie Jacques Bockel**, c'est fameux (on craque pour la pâte à tartiner Nut Alsace !). *77 Grand'Rue - www.chocolats.alsace*

4ᵉ Étape

DÉPART DE OBERHASLACH

Près de **Schirmeck**, gagnez la maison forestière de Salm-La Broque pour emprunter le **sentier des passeurs★**. Ce chemin forestier, évoluant dans une nature en majesté, fut emprunté de 1941 à 1944 par nombre d'habitants de l'Alsace annexée fuyant le régime nazi. Lieu de mémoire, il rend hommage aux passeurs téméraires ; il est également jalonné de multiples œuvres contemporaines éphémères (sculptures, photos, peintures, gravures). Une balade passionnante que vous pourrez aussi ne parcourir qu'en partie. *14 km - 4h . www.sentier-des-passeurs.fr*

À VOIR AUSSI

À Schirmeck, ne manquez pas le **Mémorial Alsace-Moselle★★**, indispensable pour comprendre l'histoire de l'Alsace et de la Moselle de 1870 à nos jours, et le **Natzweiler-Struhof★★**, camp de concentration nazi. *www.memorial-alsace-moselle.com - www.struthof.fr*

DÉJEUNER À BELLEFOSSE

Les habitants de la vallée de la Bruche sont nombreux à fréquenter la ferme-auberge **Au Ban de la Roche**, et on les comprend ! Portions pantagruéliques, viandes provenant d'animaux élevés sur place, légumes de la région, service efficace ; parfait pour se requinquer.
66 r. Principale - www.bienvenue-a-la-ferme.com - €€.

Le **Champ-du-Feu★★** tout proche est le point culminant du Bas Rhin (1 099 m), un terrain idéal pour les randonnées d'été et les sports d'hiver. Au sommet, la forêt laisse place à une belle lande herbeuse, végétation de chaume d'altitude, et aux tourbières. Grimpez à la **tour belvédère** *(accès libre)* pour une vue époustouflante sur le massif vosgien et la plaine d'Alsace. Respirez un grand coup ! Ensuite, la courte balade qui mène au **rocher de Neuntelstein★★** vous enchantera *(30mn AR)*. Hop là, voilà le **Mont Sainte-Odile★★** avec ses falaises de grès rose, couvertes de forêts, qui avancent au-dessus de la plaine d'Alsace. Là haut, vous ferez le plein d'énergie et tenterez de percer le mystère du fameux **Mur païen★** en longeant une partie des vestiges de la muraille *(à gauche à la sortie du couvent, suivre le sentier à droite en bas de l'escalier - balisage croix jaune)*.

DÎNER ET NUIT AU MONT SAINTE-ODILE

C'est au cœur du site, dans ce décor grandiose à 763 m d'altitude, que vous vous installerez. L'**Hôtellerie du Mont-Ste-Odile** propose des chambres confortables au style contemporain ; demandez-en une qui donne sur la vallée : vue éblouissante et calme assurés ! Sur place, au restaurant **Saint-Léon IX**, vous dégusterez une cuisine alsacienne. *www.mont-sainte-odile.com/hotellerie - €€.*

5e Étape

DÉPART DU MONT SAINTE-ODILE

Après un réveil spectaculaire sur la nature, filez vers les ruines des **châteaux du Haut-Andlau et de Spesbourg★** depuis la maison forestière de Hungerplatz près de Barr ; une belle randonnée en suivant le chemin tracé sur la crête de la montagne *(1h30 AR - www.chateauxfortsalsace.com)*. Prenez ensuite le temps de déambuler dans **Obernai★★** : le centre médiéval, la place du Marché et son ensemble de maisons traditionnelles, le célèbre puits aux Six Seaux, les remparts, sans oublier le sentier viticole du Schenkenberg *(circuit de 2 km)*.

DÉJEUNER À OBERNAI

Dans le cadre exceptionnel de **La Sub des Gourmets** – une cave voûtée d'un édifice du 16e s. –, vous découvrirez une délicieuse cuisine de saison aux saveurs colorées, à accompagner d'un *schlouk* de fameux vin local bien entendu ; on est ici sur la route des vins d'Alsace !
24 r. Ste-Odile - www.lastubdesgourmets.fr- €€€.

LA TRAVERSÉE DU MASSIF DES VOSGES À PIED

Ce périple au cœur de la nature alsacienne vous a donné envie de revenir ? On vous comprend. Il existe un exquis chemin (GR 53 et GR 5), tracé par le Club vosgien, qui permet d'aller de Wissembourg à Fesches-le-Châtel dans le territoire de Belfort (430 km) à travers des paysages majestueux : forêts profondes, sites de mémoire, châteaux forts, rochers de grès rose, villages typiques. Pensez-y ! *www.massif-des-vosges.fr*

Et si on allait voir plus loin

Notre sélection de sites, adresses, expériences nature en dehors de l'itinéraire

DABO

Rocher de Dabo★

Ce spectaculaire rocher de grès est perché à 664 m d'altitude sur le territoire lorrain, à la limite de l'Alsace. Site naturel, formé il y a plus de 200 millions d'années, il accueille une chapelle du 19e s. Grimpez en haut de la tour (92 marches, soyez attentif sur la fin) pour bénéficier du magnifique panorama à 360°, d'où vous pourrez repérer les principaux sommets des Vosges gréseuses.
www.ot-dabo.fr

HAUT DONON

Massif du Donon★★

Quel que soit le côté par lequel on arrive, on reconnaît sa silhouette : un sommet à deux gradins qui marque la limite entre l'Alsace et la Lorraine. Royaume du sapin des Vosges et de son cousin l'épicéa, le massif du Donon, haut de 1 009 m, est le berceau de nombreux ruisseaux. Le sommet de cette montagne sacrée porte les traces de cérémonies religieuses remontant aux temps celtique et gallo-romain.

Col du Donon

Axe de communication ancestral, le col du Donon est le carrefour où se croisent pèlerins et voyageurs depuis des millénaires. Les Celtes, les premiers, y bâtirent un temple. Des vestiges de culte gallo-romain ont aussi été découverts. Garez-vous en face de la maison forestière du Haut-Donon et empruntez le **sentier du Donon** qui passe par la forêt, les vestiges archéologiques avant d'atteindre le sommet. On en prend plein la vue – panorama époustouflant sur la chaîne des Vosges, le plateau lorrain, la plaine d'Alsace et la Forêt-Noire –, tout en se gonflant d'énergie positive – le lieu est en effet considéré comme chargé de bonnes ondes *(2h30 AR - balisage rectangle rouge)*.

MOTHERN

Maison de la Wacht

L'ancienne demeure du gardien de nuit de la cité, typiquement alsacienne, vous permettra, à travers l'exposition « Il était une fois le Rhin », de découvrir le fascinant fleuve à la fois divinité, père nourricier, rival des hommes. Maquettes, gravures et photographies du fleuve complètent la visite.
7 r. du Kabach - www.tourisme-pays-seltz-lauterbourg.fr

MUNCHHAUSEN

Réserve naturelle du delta de la Sauer

Le **centre d'initiation à la nature et à l'environnement de Munchhausen** est un bon préambule pour partir explorer la réserve naturelle du delta de la Sauer et d'Alsace du Nord. Ce territoire, baigné par le Rhin et par la Sauer, rivière vosgienne, abrite des milieux naturels riches et diversifiés (roselières, saulaies, vasières...).
42 r. du Rhin - www.nature-munchhausen.com

MUTTERSHOLTZ

Le Grand Ried d'Alsace centrale

Au cœur de la plaine du Rhin, le Grand Ried s'étend sur 13 000 ha. Les plaines humides bordées de haies alternent avec les forêts, et l'ensemble est traversé par de nombreux cours d'eau, la nappe phréatique formant une multitude de sources. La faune et la flore y sont remarquables. Vous découvrirez tout cela en visitant La **Maison de la nature du Ried** qui propose aussi sorties nature, activités ainsi que le **SensoRied**. On se lance pieds nus sur le chemin où l'on marchera sur l'herbe, la boue s'il a plu, des galets, du foin ou de la terre. Ça picote, ça chatouille, et... c'est très agréable ! On se retrouve en plein champ, entouré de hautes herbes, à couvert sous les arbres, on traverse un cours d'eau... Une balade ludique et détendante, que l'on vous recommande chaudement ! *maisondelanature.muttersholtz.fr*

MERCI LE CLUB VOSGIEN

Fondée en 1872 à Saverne, le club vosgien a beaucoup aidé à la connaissance et au respect du milieu forestier. Par le balisage et l'entretien des tout premiers sentiers de randonnée français, l'association a toujours promu activement le développement d'un tourisme pédestre responsable. Plusieurs milliers de kilomètres de sentiers permettent ainsi de découvrir les Vosges en toute sécurité ; une mine ! Faites votre choix parmi les multiples randonnées décrites *(détails sur : www.club-vosgien.eu)*.

OBERSTEINBACH

Dans ce joli village des Vosges du Nord, où les maisons à colombages reposent sur de magnifiques bases en grès rose, laissez-vous tenter par une visite de la **maison des châteaux-forts**. Installée dans l'ancien presbytère, elle vous plonge dans l'histoire fascinante des châteaux de la région. Grâce à des maquettes, des photographies et des objets authentiques, découvrez les secrets de leur construction, les familles qui les ont habités et bien plus encore. De la maison des châteaux-forts partent de nombreux circuits de randonnée.

Hymenoptera

Ce jardin écologique d'Obersteinbach enchantera les passionnés de biodiversité. Sébastien Heim, qui s'intéresse aux insectes depuis l'enfance, y a recréé différents micro-milieux : rocailles, verger, potager en permaculture, mare et friches. *hymenoptera.fr*

PHILIPPSBOURG

Étang de Hanau★

Envie d'une **baignade** en pleine nature ? Rejoignez l'étang de Hanau (18 ha). Au cœur d'une région de tourbières des Vosges du Nord, il est niché dans un bel écrin de verdure, avec vue sur les ruines du château de Waldeck (*baignade, barques, pédalos...*). Après la baignade, vous pourrez choisir l'un des deux parcours pédestres qui partent à la hauteur de l'étang de Hanau : le **sentier botanique de la tourbière** *(45mn - accès à 300 m à gauche du parking du restaurant sur la D 162, dép. depuis l'aire de pique-nique au-delà des terrains de tennis)* et la **promenade du rocher de l'Erbsenfelsen** *(1h30 - même point de dép. - balisage n° 3 bleu)*. Situé à quelques kilomètres de la frontière allemande, ce rocher de 25 à 30 m semble tenir debout comme par magie.

ROSHEIM

Voie verte

Une belle piste cyclable, aménagée au pied du mont Sainte-Odile, sur le tracé de l'ancienne voie ferrée qui permettait de transporter les pierres des carrières de St-Nabor, vous fera traverser des paysages variés, verdoyants et enchanteurs : vignobles, champs, villages - Bœrsch, Ottrott -, vergers *(11 km aller - montée progressive, 160 m)*. Sur l'itinéraire, vous observerez quelques sculptures métalliques rappellant le passé industriel. À l'arrivée, montez sur le **belvédère** pour la vue exceptionnelle. Par temps clair, on distingue même la flèche de la cathédrale de Strasbourg. Pensez au pique-nique ; autrement, vous trouverez de quoi vous ravitailler en route. *Location de vélo à l'office de tourisme de Rosheim - www.mso-tourisme.com*

URBEIS

Le Climont★

Reconnaissable à sa forme, le Climont est un massif emblématique des Vosges centrales. Un sentier, abrupt et étroit, souvent encombré par la végétation, aboutit à un chemin forestier transversal (prendre à gauche). Au carrefour proche du sommet, prenez le chemin en montée à droite. On atteint le pied de la tour Euting qui se trouve sur le sommet boisé du **Climont** (966 m). Du haut de la tour (78 marches), construite en 1897, beau point de vue sur les Vosges. *1h30 à pied AR - balisage : croix jaunes - dép. sortie nord du Climont, 300 m après l'église.*

ÉGLISE DE ROSHEIM

ITINÉRAIRE 7 - FRANCHE-COMTÉ

4 JOURS - 366 KM

LA PESSE > MONT-ROND > COL DE LA FAUCILLE > CASCADES DU HÉRISSON > CHAMPAGNOLE > MALBUISSON > PONTARLIER > MOUTHIER-HAUTE-PIERRE

Hêtres, tilleuls et chênes en cascade

LE COL DE LA FAUCILLE
Il franchit à 1 320 m d'altitude la grande échine qui sépare la dépression du Rhône et du lac Léman d'un côté, et la Valserine de l'autre. Ce col est célèbre puisque c'est l'un des principaux passages de la chaîne du Jura. À proximité du col, la route traverse d'abord deux murailles de sapins, puis tout d'un coup dévoile, exactement dans l'axe de la route, le géant des Alpes : le mont Blanc !

1re Étape

DÉPART DE LA PESSE

À La Pesse, de bon matin, lacez vos chaussures de marche, fourrez votre gourde dans votre sac à dos et partez à l'assaut du somptueux **belvédère du crêt de Chalam★★★** ! Certes, ce n'est pas l'Olympe, mais c'est tout de même le plus haut sommet de la chaîne qui domine, à l'ouest, la Valserine. Depuis le refuge, un sentier à droite vous mène jusqu'à un plateau planté d'épicéas, pour un **panorama★★** spectaculaire *(1h30 AR)*. Admirez devant vous la roche Franche, le Reculet et le crêt de la Neige sur la gauche. Ces derniers se disputaient le symbole de point culminant du Jura... avant d'être éliminés de la course en 2003 par un autre sommet tout proche, de 3 m supérieur (1720 m) ! Eh oui, les promenades en montagne sont toujours instructives !

DÉJEUNER À MONT-ROND

Reprenez des forces perché au col de la Faucille, à l'hôtel-restaurant **La couronne**, avec les spécialités fromagères des montagnes au menu de cette brasserie.
Col-de-la-Faucille - www.hotelcouronne.fr - €€.

Tout près de la gare supérieure du télécombi, la table d'orientation du **Petit Mont-Rond★★** donne le ton ! Un panorama qui se révèle d'un coup et embrasse les Alpes, la chaîne du Jura et celle de la Dôle, en Suisse. L'impression est saisissante ! Si le cœur vous en dit, poussez jusqu'au **Colomby de Gex★★★**. Certes, c'est une (petite) promenade de 4h aller-retour, mais le panorama est vraiment sublime et poétique : vous culminerez à 1689 m de haut tout l'effondrement de la chaîne suisse, là encore jusqu'aux Alpes !

DÎNER ET NUIT AU COL DE LA FAUCILLE

Pour vous récompenser de vos efforts, faites une folie et réservez une chambre à l'hôtel **La Mainaz**. Cet imposant chalet en bois domine la descente du col, dans une ambiance vraiment cosy. Aux fourneaux, on reconnaît la patte talentueuse du chef Julien Thomasson et son exceptionnelle maîtrise des jus et des sauces.
Rte du Col-de-la-Faucille - www.la-mainaz.com - €€€€.

À VOIR AUSSI

Pour une matinée sous le signe des lacs, choisissez plutôt le **pic de l'Aigle** *(45mn à pied AR)*. Au sommet d'une montée assez raide, on peut apercevoir la chaîne du Jura et la plaine de la Saône. Poussez ensuite jusqu'au **belvédère des Quatre Lacs** *(15mn à pied AR)* pour admirer le site d'un seul coup d'œil !

2e Étape

DÉPART DU COL DE LA FAUCILLE

On perd en altitude, mais pas en poésie en suivant le **Hérisson**, cours d'eau tumultueux aux multiples rebonds. Un court arrêt à la **Maison des cascades** vous livrera d'ailleurs l'histoire de ces chutes d'eau, à admirer grâce au sentier balisé. Le Hérisson dégringole par petits bonds de 65 m de hauteur à la **cascade de l'Éventail★★★**. Il poursuit sa course avec une chute unique de 60 m de haut à la **cascade du Grand Saut★★**, puis se calme et laisse admirer sa transparence bleutée dans la vasque du **Gour Bleu★**.
Val-Dessus - www. cascades-du-herisson.fr - 7,4 km AR.

DÉJEUNER AUX CASCADES DU HÉRISSON

La faim vous tenaille au terme de cette belle rencontre dans la vallée du Hérisson ? L'**auberge du Hérisson** est là pour vous requinquer ! Cuisine typique du Jura et, pour les plus téméraires, la spécialité locale : les grenouilles, de février à mi-avril !
5 rte des Lacs - Chaux du Dombier - www.herisson.com - €.

GROS HÊTRE DU JURA

Pour un après-midi magique, suivez la **fée de la Langouette**. Ce petit personnage sera votre guide dans ce paysage empli de légendes, qui se révèle à vous au gré du sentier d'interprétation *(1h à pied AR)*, depuis le pont de la Langouette. Chut, ne faites pas de bruit : vous pourriez entendre son rire cristallin... Ou bien est-ce l'eau qui ruisselle en cascade au fond des **gorges★** ? Quelques kilomètres plus loin, dans une ambiance boisée, la **Lemme★** tombe d'une fissure étroite, en deux sauts successifs. Vous saurez que la cascade est toute proche au son de l'eau qui jaillit entre les falaises et se déverse en contrebas. La magie – de la nature – est là encore toute proche !

UNE FORÊT, UN PRÉSIDENT

C'est une tradition dans le Jura : chaque forêt doit avoir son arbre président, et ce depuis 1897 ! Ces arbres exceptionnels parfois bi, voire tricentenaires, mesurent plus de 40 m de haut et leur diamètre est souvent supérieur à 1 m. La folie des grandeurs de Dame Nature.

DÎNER ET NUIT À CHAMPAGNOLE

Pour conclure cette fabuleuse journée, il faut un hôtel digne des contes de fées. Au **Bois Dormant**, ce n'est pas le baiser d'un prince qui vous réveillera, mais le gazouillis des oiseaux du parc... Et qui dit Bois Dormant dit aussi **Bois Gourmand** : une carte traditionnelle, de bons vins, des produits de saison. Bref, un banquet royal.
443 rte de Pontarlier - www.bois-dormant.com - €€€.

3e Étape

DÉPART DE CHAMPAGNOLE

Dans la famille Sapin, nous demandons le **sapin Président★** ! Bonne pioche ! À suivre alors, les **sapins de la Glacière**. De vraies merveilles se cachent tout au long de de la **route des Sapins★**, de Champagnole à Levier, qui traverse les forêts de la Fresse, de Chapois, de la Joux et de Levier. La **forêt de la Joux★★** est une des plus belles sapinières de France. On se sent si petits au milieu de ces immenses résineux... Si ça vous branche, rendez-vous par exemple au site de la Glacière, le plus froid de la forêt, où se dressent de splendides sapins aux fûts impeccablement droits. Le silence et la pénombre contribuent à créer une atmosphère de recueillement, qui s'intensifie au pied du somptueux sapin Président de la forêt de la Joux, élu en 1964 !

DÉJEUNER À MALBUISSON

Le Bon Accueil ✿ est une solide adresse qui ne fait pas mentir son nom... L'hospitalité va de pair avec la cuisine, fine et gourmande. Truite au bleu ou à l'absinthe, poulet fermier au vin jaune du Jura (évidemment !) ou encore pigeon rôti... Le chef Marc Faivre sait parler aux amateurs de bonne chère. *1 chemin de la Grande-Source - www.le-bon-accueil.fr - €€€.*

À VOIR AUSSI

Il est possible de faire le tour du lac de St-Point à pied si vous préférez rester sur place plutôt que de visiter le château *(23 km, 6h)*. Long de 7,2 km, large de 800 m, il est par sa superficie le quatrième lac naturel de France. Réputé pour les belles couleurs de ses eaux, ce lac que traverse le Doubs est établi dans un « val ».

ADRESSE

Avant de quitter Pontarlier, faites une halte à la **pâtisserie Pfaadt.** Vous pourrez remplir votre panier des délicieuses tartes salées pour votre pique-nique. N'oubliez pas de vous choisir une douceur pour conclure ce repas : macarons, ganaches à l'absinthe, pains spéciaux et autres spécialités ravissent les palais des Pontissaliens depuis 1953. *23-25 pl. St-Pierre - €.*

PONTARLIER

Quelques pas près du majestueux **lac de St-Point★★** pourraient vous plaire après ce bon repas, à moins que vous de préfériez une baignade ou un tour en paddle. Vous apercevrez peut-être la ville engloutie sous les eaux turquoise un soir de violent orage ! Légendes et histoires s'entremêlent aussi au **château de Joux★**. Fort, prison, musée... L'architecture du bâtiment affiche plus de dix siècles de résistance. De la terrasse de la tour d'artillerie, superbe vue sur la **cluse de Joux★★**. Cette entaille transversale, passage juste suffisant pour la route et la voie ferrée, est un des plus beaux exemples de cluse jurassienne.

DÎNER ET NUIT À PONTARLIER

Seuls les vrais gourmets connaissent cette petite adresse à l'enseigne rouge et or, un peu en retrait du centre-ville : la **Pinte Comtoise** ! La cuisine fait la part belle aux produits de la région, entre moderne et rustique *(4 r. Jeanne-d'Arc - www.lapintecomtoise.fr – réserv. conseillée - €)*. Reposez-vous dans la **Maison d'à côté**. Ce n'est pas sa localisation, mais bien le nom de cette charmante chambre d'hôte (à 2mn à pied du restaurant). Le petit-déjeuner bien fourni vous apportera toute l'énergie pour la randonnée à suivre. *11 r. Jules-Mathez -www.lamaison-da-cote.fr - €€.*

4e Étape

DÉPART DE PONTARLIER

Rejoignez Ouhans, puis gagnez la **source de la Loue★★** *(30mn à pied AR)*. Brusquement, après un tournant, l'hémicycle où se produit la résurgence de la Loue apparaît sous vos yeux, au pied d'une falaise. Impressionnant !
À **Rénédale**, un petit sentier agréable offre une **vue★** plongeante sur les gorges *(15mn à pied AR)*. Poursuivez un peu plus loin, au **belvédère du Moine de la Vallée★★**, pour embrasser tout le panorama de la vallée de la Loue.

PIQUE-NIQUE AU BELVÉDÈRE

Au premier rang de ce spectacle de la nature, installez votre nappe et sortez les petites tartes salées achetées le matin même à la pâtisserie Pfaadt.

Direction Mouthier-Haute-Pierre. En route, plusieurs **belvédères** se succèdent au-dessus des méandres des **gorges de la Loue★★**. Le **belvédère de Mouthier** permet entre autres de dominer le lit du torrent, une vue remarquable ! Arrêt ensuite à la **source du Pontet** et la **grotte des Faux-Monnayeurs** *(45mn à pied AR)*. Gravissez les quelques pentes raides et les deux échelles de fer pour pénétrer dans les grottes nichées dans les sous-bois, gare au vertige ! Notre périple se clôt en beauté à **Mouthier-Haute-Pierre★**, l'un des sites les plus attachants de la vallée de la Loue, niché au cœur d'un vaste amphithéâtre rocheux. Mouthier-Bas est baigné par la rivière, que franchit un vieux pont, tandis que Mouthier-Haut couronne la colline, en groupant autour de son église nombre de maisons anciennes.

Et si on allait voir plus loin

Notre sélection de sites, adresses, expériences nature en dehors de l'itinéraire

BUGEY

Le Grand Colombier★★★

Atteindre le point culminant du Bugey se mérite : routes en lacets, chemins pierreux, montées ardues... Mais votre courage sera récompensé par les panoramas amples et magnifiques sur les lacs scintillants en contrebas du sommet. Les points de vue n'ont d'égal que la taille du massif... Géants ! *Du parking, 45mn AR.*

LA VALSERINE

Les pertes de la Valserine★

Par un sentier en sous-bois *(45mn AR)*, vous arriverez dans un univers de conte de fées : des marmites de géants sont éparpillées sur 200 m environ. Les arbres drapés de mousse renforcent cette atmosphère irréelle. En réalité, c'est la rivière qui a creusé et poli ces « Oulles » : un peu plus loin, vous pourrez observer en direct – mais avec la plus extrême prudence – cet étrange phénomène. *Par la D 1084 au nord. Parking au bord de la route.*

MONTBENOÎT

Grand Taureau★★

Un point de vue sublime et qui ne vous demandera que peu d'efforts (2,5 km) pour admirer les chaînes parallèles du massif du Jura, jusqu'au mont Tendre, en Suisse. *Parking près du restaurant, fort du Larmont-Supérieur.*

NANS-SOUS-SAINTE-ANNE

Source du Lison★★

Elle se cache, se dévoile en jaillissant de grottes dans les falaises, puis disparaît sous terre : le Lison est une rivière vraiment surprenante. À quelques minutes à pied du *parking de la source*, près de Nans-sous-Sainte-Anne, on peut pénétrer dans la caverne d'où jaillit la source du Lison, au pied d'une colline.

PARC DES BALLONS DES VOSGES

Ballon d'Alsace★★★

Son sentier marque la frontière entre trois départements, alors appelons-le ici ballon de Franche-Comté ! C'est le point culminant des Vosges du Sud, que vous atteindrez par un sentier zigzagant à travers les pâturages. À la clé, un **panorama★★** splendide qui permettra, si le ciel est dégagé, d'apercevoir même le Mont Blanc. Par temps couvert, le site est imprégné d'une atmosphère particulièrement mystérieuse. *30mn AR pour le sommet, 1h30 AR pour le sentier de découverte.*

Ballon de Servance★★

Sa silhouette bombée et dénudée par le chaume sommital ressemble fort à ses voisins, le ballon d'Alsace et le Petit Ballon. Légèrement plus petit tout de même (1 216 m contre 1 247 m et 1 267 m d'altitude respectivement), il est surmonté d'un fort militaire. Une petite grimpette *(15mn AR)* permet de découvrir un magnifique **panorama★★**. *À quelques kilomètres du ballon d'Alsace.*

PARC NATUREL RÉGIONAL DU HAUT-JURA

Chapeau de Gendarme★

C'est une véritable curiosité géologique. Pour l'admirer, la région l'exige, il vous faudra emprunter une route en corniche, celle qui suit les gorges du Flumen : les « lacets de Septmoncel ». Ces strates épaisses, horizontales à l'origine, ont été soulevées à l'ère tertiaire et se sont tordues sans se rompre, sous une lente pression. *Parking non loin de St-Claude.*

Cascade de la Queue de Cheval★

Un peu de pluie en vacances, ça peut avoir du bon ! Après une forte pluie, cette cascade libère toute sa puissance et ses deux sauts, qui la font descendre d'environ 50 m, sont crépitants... *Parking à la sortie du village de Chaumont, 1h à pied AR.*

RECULÉE DES PLANCHES

Belvédère du cirque du Fer à Cheval★★

Après avoir traversé un petit bois, vous atteindrez sa lisière où le cirque s'ouvre, béant ! La perspective sur la reculée, la plus haute du Jura, vous laissera sans voix. *Sentier près d'une auberge, 10mn AR.*

VALLÉE DU DOUBS

Corniche de Goumois★★

Versants abrupts boisés ou rocheux, prairies pentues, eaux tourbillonnantes au fond des gorges : une nature à admirer sur un parcours de 3 km. Vous repèrerez facilement les meilleurs points de vue, marqués par des garde-fous. Gare au vertige depuis cette route à flanc de falaise, à 100 m au-dessus des gorges. *Sur la D 437A.*

ITINÉRAIRE 8 - AUVERGNE

5 JOURS - 258 KM

CLERMONT-FERRAND > PUY DE DÔME > AYDAT >COL DE LA CROIX-MORAND > PUY DE SANCY > BESSE-ET-SAINT-ANASTAISE > SAINT-ALYRE-ÈS-MONTAGNE > CHANTERELLE > ALLANCHE

La force tellurique des volcans et puys

80 VOLCANS ET BIEN PLUS
L'Auvergne fut une terre de feu au Tertiaire et au Quaternaire, et jusqu'à il y a 7 000 ans. Si la Chaîne des Puys est constituée de 80 volcans endormis, il en existe 300, plus anciens, en Haute-Loire !

ALTERNATIVE

À la fois micro-brasserie, restaurant et lieu de concerts, le **Dark Lab** est un tiers-lieu près du volcan de Lemptégy. Vous y goûterez des bières artisanales. Petite restauration, plats traditionnels auvergnats. *www.dark-lab.fr*

ALTERNATIVE

Après une journée de rando, si vous avez envie d'une fameuse viande charolaise accompagnée d'un aligot de l'Aubrac tout aussi fameux ou de frites maison, **La Vache qui tète** est la bonne adresse. *www. lavachequitete. com - €€.* Plutôt tenté par une subtile cuisine italienne ? Direction **Il Visconti**. *www. ilvisconti.com - €€€.*

1re Étape

DÉPART DE CLERMONT-FERRAND

Quoi de mieux pour prendre la mesure des grands espaces et de l'originalité des paysages auvergnats, que le **puy de Dôme★★★**, le plus élevé (alt. 1 465 m) et le plus célèbre de la Chaîne des Puys, dont il occupe le centre. Au choix pour gravir le sommet : le tranquille train panoramique ou une belle et bonne grimpette à pied, par le **chemin des Muletiers** *(versant sud - dép. parking du col de Ceyssat - 45mn - fort dénivelé)* ou par le **chemin des Chèvres** *(versant nord, un peu moins raide que le chemin des Muletiers, marches sur le haut du parcours - dép. du parking du Panoramique des Dômes - 1h30 aller)*. Autre possibilité, un aller en train, un retour à pied. Là-haut, une **vue** à couper le souffle sur l'alignement incomparable de la Chaîne des Puys avec sa cohorte de 80 volcans aux formes harmonieuses ; par temps dégagé, on peut même voir le mont Blanc. Suivez le parcours qui fait le tour du sommet et permet de mieux comprendre le site, son histoire et son paysage *(1h/1h30 avec la visite du* **temple de Mercure** *- www.panoramiquedesdomes.fr)*.

DÉJEUNER AU PUY DE DÔME

C'est dans ce cadre majestueux, en haut du puy, que vous casserez la croûte sur la terrasse panoramique : pique-nique (salle à disposition) ou un bon bocal de produits locaux – décliné en entrée, plat et dessert – pioché au self-service de la **Table d'Épicure**.
www.panoramiquedesdomes.fr - €€

Direction le **puy du Lemptégy★**, ancienne carrière de pouzzolane (scories) creusée dans un cône volcanique. Il vous offre l'occasion unique de pénétrer au cœur d'un volcan à ciel ouvert afin d'en découvrir l'anatomie. Exposition, sentier entre scories, cheminées, bombes volcaniques et installations industrielles, film 4D. L'exploration peut se faire aussi en petit train. *www.auvergne-volcan.com*
En fin de journée, prévoyez une balade à pied dans le **vieux Clermont★★** au patrimoine remarquable : l'envoûtante basilique **Notre-Dame-du-Port★★★**, perle de l'art roman auvergnat (chœur et chapiteaux extraordinaires), les ruelles du centre historique, la **cathédrale Notre-Dame-de-l'Assomption★★**, joyau gothique bâti en pierre volcanique de Volvic, la **place de Jaude**, l'animation de la **place de la Victoire** et du quartier **Fontgiève**.

DÎNER ET NUIT À CLERMONT-FERRAND

Ce soir on se régale au **62** ☺, sur la terrasse ou en salle ; le jeune chef y concocte une cuisine bistronomique française pleine d'élégance et de finesse parée des subtils parfums et saveurs de son Viêtnam natal. *restaurantle62clermont.fr - €€€.*
Gagnez ensuite une chambre élégante et personnalisée du très cosy et accueillant **hôtel Littéraire Alexandre Vialatte**. Vous commencerez la journée du lendemain en beauté avec une vue époustouflante sur le vieux Clermont et les puys depuis la salle du petit-déjeuner.
16 pl. Delille - www.hotelvialatte.com- €€€.

2e Étape

DÉPART DE CLERMONT-FERRAND

À nous le sud de la Chaîne des Puys, moins fréquenté que le puy de Dôme et ses voisins. Des chemins de randonnée de toute beauté parfaitement accessibles, avec des aménagements spécifiques afin de préserver les paysages. Entrez dans le **château de Montlosier**, siège du Parc naturel régional des Volcans d'Auvergne qui accueille des expositions. De là, suivez le **sentier**, en partie dans les sous-bois, qui mène au **puy de Vichatel★** *(5 km - 2h AR - facile)*. Au sommet une belle vue dégagée vous attend. Il possède le cratère le plus profond (88 m) de la Chaîne des Puys après le puy de Pariou. Encore envie de marcher ? Le **puy de la Vache★**, tout proche, est aussi l'occasion d'une superbe randonnée *(1hAR - dép. à env. 2 km au nord de la Maison du Parc)*.

DÉJEUNER À AYDAT

Dans le site exceptionnel du lac d'Aydat, né d'une coulée de lave, profitez de la terrasse de la **Cocotte bleue** pour faire une halte gourmande à base de produits locaux.
2 bd du lac de Sauteyras - www.lacocottebleue.com - €€.

Au cœur des volcans, le **lac d'Aydat★** est un très bon spot baignade, farniente (plage), nautique (catamaran, dériveur, paddle, kayak...) et promenade. Des pontons aménagés permettent de traverser la zone humide, riche en flore et en faune, et marquée par une grande variété de paysages. Vous pouvez aussi faire le tour du lac à pied *(5,7 km, assez facile, alternance de sentier, de trottoir et route)*.
Petit détour par **St-Nectaire★**, bien connu des gastronomes pour son succulent fromage ! Le village abrite une magnifique **église★★**, joyau de l'architecture romane auvergnate (103 remarquables **chapiteaux★★**). Pour bénéficier d'un beau coup d'œil sur l'église, gagnez le chemin de la Parre ou montez sur la place du Marchidial. L'ancienne ville thermale cache également d'étonnantes **fontaines pétrifiantes★** : en jaillissant à plus de 50 °C de failles volcaniques, l'eau produit des surprenants phénomènes de pétrification. *www.fontaines-petrifiantes.fr*

DÎNER ET NUIT AU COL DE LA CROIX-MORAND

C'est sur le versant nord du massif du Sancy, dans le cadre magistral du col de la Croix-Morand (1401 m d'alt.), chanté par le musicien-poète Jean-Louis Murat, que vous vous endormirez. Le **Buron du col** propose, outre sa chambre d'hôte pleine de charme, une copieuse cuisine de terroir, l'« assiette du randonneur » ou la truffade maison.
Col de la Croix-Morand - www.buronducol.fr - €€.

3e Étape

DÉPART DU COL DE LA CROIX-MORAND

Au **Mont-Dore★**, ravissante cité à l'architecture Belle Époque, grimpez dans le vénérable **funiculaire du Capucin★**

LE PUY DE LA VACHE

ADRESSE

À Clermont, c'est au **marché Saint-Joseph**, le vendredi matin, que vous trouverez les meilleurs produits, fermiers et bio, en direct des maraîchers et autres producteurs *(r. de Courpière)*. Les autres jours, filez au **marché St-Pierre** *(sf dim.-lun.)*.

ADRESSE

À St-Nectaire, ne manquez pas une pause thé-goûter-courses aux **Epicurieuz**, conviviale adresse regorgeant de bons produits locaux en tout genre. *1 r. des Soeurs - www.lesepicurieuz.com*

PARADIS DES FROMAGES

Amateurs de fromages, l'Auvergne est une pépite ! La région produit près de 20 % du tonnage AOP français. Goûtez aux 5 AOP : st-nectaire, cantal, fourme d'Ambert, bleu d'Auvergne et salers, sans oublier la suite des réjouissances : gaperon à l'ail de Limagne, fourme de St-Anthème, chambérat du Bourbonnais, fromages de chèvre de Margeride et des monts du Cantal, bleu de Laqueuille..., la liste est longue.

À VOIR AUSSI

Arts-Nature en Sancy
Chaque année, de mi-juin à mi-septembre, des artistes installent une dizaine d'œuvres d'art monumentales en pleine nature dans les paysages enchanteurs du massif du Sancy. Partez à la rencontre de ces créations en dialogue avec l'environnement. *www.horizons-sancy.com*

qui vous mènera à de nombreux sentiers balisés et au **sylvatorium★**. Exercez vos sens en vous installant dans les cinq spas forestiers qui jalonnent cette promenade en sous-bois *(1 km, 45mn)*. Sommet des monts Dore et point culminant du Massif Central (alt. 1 885 m), le majestueux **puy de Sancy★★★** vous fait de l'œil ? Quatre minutes de téléphérique, une demi-heure de marche par un escalier et nous voilà au sommet où le regard se perd dans l'immensité des monts : au nord-est la Chaîne des Puys, au sud le massif du Cantal, aux premiers plans les monts Dore *(table d'orientation)*. Vous êtes sportif ? Grimpez à pied depuis Le Mont-Dore : la randonnée *(2h)* est assez difficile, mais en vaut vraiment la peine ! Le massif abrite une faune préservée, des cascades d'eau vive, des lacs immobiles et profonds et de sublimes sentiers. *www.sancy.com*

DÉJEUNER AU PUY DE SANCY

Un déjeuner sur le toit du Massif Central s'impose. Vous n'avez pas prévu de pique-nique ? Vous trouverez tout ce qu'il faut aux restaurants-snacks du téléphérique.

ADRESSE

Au **Mont-Dore**, un **marché** de produits régionaux se tient chaque vendredi matin place Charles-de-Gaulle, face à l'église. Si vous voulez faire une pause après l'ascension du puy de Sancy, installez-vous chez **Monsieur Aurélien**, épicerie fine-salon de thé. *www.monsieuraurelien.com*

Suivez la spectaculaire **vallée de Chaudefour★★**, creusée dans le granit et la lave par les glaciers quaternaires. Arrêtez-vous à la **maison de la Réserve naturelle nationale de la vallée de Chaudefour** pour tout savoir sur le patrimoine naturel de cette vallée préservée (tourbières, faune et flore rares) et pour profiter d'une balade *(plusieurs sentiers balisés)*. Un peu plus loin, au **rocher de l'Aigle★**, vous apprécierez la très jolie vue sur la vallée de Chaudefour et le massif des monts Dore.
Fin de journée à **Besse-et-Saint-Anastaise★** où vous vous baladerez dans les ruelles, le long des belles maisons en pierre grise volcanique aux toits d'ardoises ou de lauzes.

DÎNER ET NUIT À BESSE-ET-SAINT-ANASTAISE

Prenez vos quartiers à l'**hôtel-restaurant Mildiss**, dont les chambres chaleureuses s'ouvrent sur la nature et où vous pourrez profiter de l'espace bien-être, jacuzzi, spa, hammam. Le restaurant bistronomique rend hommage aux produits d'Auvergne. *Serre Bas - mildiss.fr - €€€.*

ALTERNATIVE

Pour dîner au cœur de Besse, l'accueillant **Bessoi** propose galettes, spécialités auvergnates, tartines, salades à base de bons produits locaux. Terrasse. *1 pl. de la Gayme - €.*

4e Étape

DÉPART DE BESSE-ET-SAINT-ANASTAISE

Arrêt au **lac Pavin★★**, superbe étendue d'eau occupant un vaste et profond cratère. Entourée d'une magnifique hêtraie, il forme un cercle presque parfait. Un sentier facile permet d'en faire le tour à pied *(env. 45mn)*. Puis cap vers les **vallées du Cézallier★★**, un joyau pour les amoureux de la nature. Les hauts plateaux, avec leurs paysages vierges et sauvages, parsemés de burons, forment les terres d'estive par excellence. Gagnez le **plateau de Chavade★** aux panoramas exceptionnels. De là, suivez le sentier de **La Roche Nité** *(1h AR)*, dent de lave délaissée par le glacier, qui offre une sublime vue sur les massifs volcaniques du Cézallier et

ADRESSE

Le lundi matin, dans les rues et sur les places de la cité médiévale de Besse, ne manquez pas le marché des produits du terroir.

des monts Dore, dont les coulées de lave furent découpées, il y a 10 000 ans, par de gigantesques langues glaciaires. On se sent tout petit en évoluant vers les **hauts pâturages du Cézallier★★** aux airs de bout du monde.

DÉJEUNER À SAINT-ALYRE-ÈS-MONTAGNE

À l'**Auberge de la Cabane**, vous dégusterez de généreux plats régionaux maison et ferez provision de st-nectaire et de charcuteries avant de partir.
Lieu dit La Cabane - www.auberge-la-cabane.com - €€.

Rejoignez le **lac de Roche Orcine**. À 1216 m d'altitude, ce lac de tourbière est situé dans un cadre de verdure exceptionnel. Vous y rencontrerez en été les troupeaux de salers. Un peu plus loin, perdu dans les herbages du Cézallier, le village de **La Godivelle** se distingue par ses puissantes maisons de granit, son église St-Blaise (12e s.) et sa fontaine, la plus grande du département : une trentaine de bêtes peuvent y boire ! Autre particularité : niché entre le **lac de cratère d'En-Haut** et un étang privé, le village abrite près de 150 hectares de **tourbières** préservées (classées Réserve naturelle), qui offrent un refuge à une faune et une flore uniques. Amoureux de nature et de randonnées, ne manquez pas de visiter la **Maison de la Nature et du Cézallier.**
www.decouvrir.parcdesvolcans.fr/reserve-la-godivelle

DÎNER ET NUIT À CHANTERELLE

Faites halte ce soir **Chez de Vergne** dans une belle ferme rénovée face au puy de Sancy, engagée dans une démarche éco-responsable. Ici les grands espaces vont de pair avec la tranquillité. Des chambres confortables vous attendent, ainsi que de bons produits locaux à la table d'hôte. *www.chezdevergne.fr - €€.*

UN BURON

5e Étape

DÉPART DE CHANTERELLE

Direction **Condat** pour une promenade dans la **forêt domaniale de Maubert et Gaulis**, une belle futaie jardinée, où règne le sapin, mais aussi les hêtres, des tilleuls et quelques chênes. Filez ensuite vers la gare de **Landeyrat** où vous vous dégourdirez les jambes sur le **vélorail** pour parcourir autrement, le nez au vent, les grandioses plateaux du Cézallier *(3 parcours, 6 à 23 km ; www.velorailcantal.com)*. Puis vient **Allanche**, village millénaire à la rude beauté, réputé pour ses foires aux bestiaux. Prenez le temps de flâner dans les ruelles bordées de maisons de caractère, couleur de lave, aux toits de lauzes et de visiter l'**espace Cézallier** *(www.hautesterrestourisme.fr)*.

DÉJEUNER À ALLANCHE

L'épopée touche à sa fin ; requinquez-vous à l'**hôtel-restaurant Le Relais des Remparts** autour d'un repas traditionnel régional généreusement servi, tout en réfléchissant à votre prochaine aventure au pays des volcans.
5 av. du Pr.-René-Rollier - relaisdesremparts.com - €€.

ADRESSE

À la **brasserie des Estives** d'Allanche, vous ferez provision de Milvus, une bière hyper-rurale et biologique brassée sur place. *9 r. de la Pierre Grosse - brasseriedesestives.com*

Et si on allait voir plus loin

Notre sélection de sites, adresses, expériences insolites en dehors de l'itinéraire

GARABIT

Gorges de la Truyère★★

Taillées dans les plateaux granitiques de la haute Auvergne, sauvages et étroites, elles constituent l'une des plus belles curiosités naturelles de l'Hexagone. Ne manquez pas le **viaduc de Garabit★★**, les paysages depuis les belvédères de **Mallet★★** et de **Vidèche**, ainsi que le **site**, si romantique, du **château d'Alleuze★★** avec ses ruines féodales. Pour la baignade, direction la **plage de Mallet** *(location de canoës et de pédalos)* et pour la voile, la base de loisirs Garabit-Mallet. *www.basedeloisirs-garabit-mallet.com*

LA BOURBOULE

Très animée durant l'été, la charmante station thermale de **La Bourboule★** accueille les promeneurs, séduits par les petites randonnées en sous-bois ou les étendues herbeuses du puy Gros. En plein centre-ville, le **parc Fenestre★** (1874), boisé en partie de séquoias, est aussi un délicieux lieu de promenade (à pied, ou en petit train d'avr. à sept.).

LE LIORAN

À plus de 1 000 m d'altitude, la station du **Lioran★** est encerclée par les jolies sapinières recouvrant les versants de la vallée de l'Alagnon. À la belle saison, partez en randonnée sur les crêtes entre Plomb du Cantal, puy Mary et puy Griou au milieu des herbages : grand bol d'air, rafraîchissement et dépaysement garantis. Du **Plomb du Cantal★★**, le panorama est sans fin, et plusieurs sentiers permettent de gagner d'autres puys *(15mn de téléphérique au dép. du domaine skiable du Lioran et 15mn de marche et vous voilà au sommet)*. Circuits à VTT, balades à cheval et parcours aventure aussi au programme. *www.hautesterrestourisme.fr*

MURAT

Nichée à 980 m d'altitude, **Murat★** la médiévale étage ses maisons grises aux toits de lauzes sur les flancs de la neck volcanique de Bonnevie. C'est une base idéale pour les excursions dans les monts du Cantal et la vallée de l'Alagnon. Grimpez au sommet du **rocher de Bonnevie** qui présente à ses flancs de curieuses et remarquables colonnades de basalte et offre un panorama fabuleux *(3,8 km AR)*. Arpentez la **forêt de la Pinatelle** où deux espaces naturels sensibles sont aménagés en sentiers thématiques : le lac du Pêcher *(45mn ou 1h30)* et les tourbières de Brujaleine *(dép. de Chastel-sur-Murat - 2h)*.

MURAT-LE-QUAIRE

Banne d'Ordanche★★

Du haut de ses 1 512 m, ce piton de basalte embrasse un vaste panorama sur la vallée de la Dordogne et les montagnes qui l'encaissent, sur le Sancy, le puy de l'Angle, les monts Dômes et le Limousin (une belle table d'orientation en pierre de lave vous guidera). Un sentier, assez raide en fin de parcours, permet d'accéder à ce sommet à travers les hauts pâturages. Vous rencontrerez sûrement des brebis pâturant dans la zone d'estive. *1h à pied AR. Dép. du parking, au bout de la D 609, à 3 km env. au nord-est de Murat-le-Quaire.*

ORCIVAL

Lac de Servières★

Entre monts Dômes et monts Dore, ce célèbre maar volcanique – lac de cratère –, de forme quasi circulaire, a beaucoup de caractère. Son miroir rond et tranquille est bordé de pins, de sapins et, à l'est, où ses eaux affleurent la lèvre du cratère, de pâturages. Vous pouvez en faire le tour en suivant le sentier qui passe près des chalets et qui suit les rives. *2 km - 45mn - facile. Espace naturel sensible - baignade interdite.*

PLATEAU DE GERGOVIE

L'air est vivifiant et le paysage magnifique sur le vaste **plateau de Gergovie★**, impressionnant site naturel et historique. La vue s'étend sur la Limagne, que ferment à l'horizon les monts du Forez et ceux du Livradois, et sur la vallée de l'Allier au-delà de laquelle pointent les puys de la Comté. Sur l'un des bords du belvédère se dresse le curieux monument commémoratif à Vercingétorix, surmonté d'un casque ailé. Prenez le temps de vous promener sur les sentiers du plateau et de visiter le passionnant **musée archéologique de la bataille de Gergovie★**.

musee-gergovie.fr

QUEUILLE

Gorges de la Sioule★★

Entre le **méandre de la Queuille★★** et les abords d'Ébreuil, la Sioule s'enfonce dans le plateau granitique des Combrailles, dessinant de superbes gorges. Passez derrière le chevet de l'église de Queuille et continuez à pied à travers un sous-bois pour atteindre... le Paradis, comme on appelle l'extrémité du promontoire, aménagée en **belvédère** au-dessus du méandre. Vue impressionnante et émotion garantie ! Un vaste réseau de sentiers pédestres et équestres vous invite à découvrir les trésors cachés et méconnus de cette région. On peut également pratiquer la pêche et le canoë-kayak le long des gorges de la Sioule et de Chouvigny.

www.combrailles-auvergne-tourisme.fr

ROCHEFORT MONTAGNE

Roches Tuilière et Sanadoire★

Du **col de Guéry**, on découvre une très belle vue sur le cirque profond et boisé du Chausse, d'où jaillissent deux grands monolithes comme deux géants veillant sur l'entrée du massif du Sancy. À gauche, la **roche Tuilière★** représente la cheminée d'un volcan ruiné. À droite, la **roche Sanadoire★** est un reste du dôme phonolitique. Le large vallon qui les sépare fut creusé par un glacier. Près de la bifurcation de la D 27 et de la D 983, suivez le sentier, se détachant de la D 983, qui conduit à un promontoire rocheux d'où l'on peut, en se tournant vers la roche Sanadoire, éveiller le surprenant écho de la phonolite !

SAINT-MAURICE

Puy de St-Romain★

Sa situation, en surplomb de l'Allier, est saisissante. Du sommet (alt. 779 m), ancien lieu de culte païen, ample panorama sur les puys de la Comté, les monts du Forez, les monts du Livradois, le bassin de Vic-le-Comte, la vallée de l'Allier, les monts du Cézallier et du Cantal, les monts Dore, les monts Dômes, Clermont-Ferrand et la Limagne !

Dép. de St-Maurice

boucle de 6 km - env. 2h - balisage bleu.

SAINT-PIERRE-COLAMINE

Site troglodyte de Jonas★

Venez découvrir cet étonnant site taillé dans le tuf volcanique d'une falaise, curiosité géologique et historique. Il abrite une chapelle, dont les voûtes conservent des fresques du 11e s., ainsi qu'une véritable forteresse ! Une tour renferme un escalier à vis d'environ 80 marches, taillé à même le tuf et conduisant à quatre étages d'appartements et une soixantaine de cavités servant de logements et de réserves. Belle vue sur la couze Pavin depuis la terrasse panoramique.

jonastroglo.fr

SUPER-BESSE

Station d'altitude de Besse nichée à 1 350 m, **Super-Besse★**, fréquentée l'été pour son cadre reposant, abrite un domaine skiable et propose une multitude d'activités de pleine nature. Les plaisirs sont variés : testez les randonnées, grandioses, le VTT (bikepark), la luge d'été, la baignade dans le lac, la tyrolienne géante, ainsi que l'extraordinaire parcours Xtrem Aventure, aménagé au cœur de la nature, assez sportif et très fort en sensations (tyroliennes, sauts dans le vide, via ferrata, passerelles, passages au-dessus d'une cascade...).

superbesse.com - www.sancy.com

PARC NATUREL RÉGIONAL DES VOLCANS D'AUVERGNE

Le Parc se compose d'un patrimoine d'exception formé de cinq régions naturelles : Artense, Cézallier, monts du Cantal, monts Dômes et monts Dore. Sur le site *decouvertes.parcdesvolcans.fr*, vous trouverez une sélection de **randonnées** dans un cadre éblouissant où vous mêlerez plaisir de la découverte et compréhension des paysages et des milieux traversés.

ITINÉRAIRE 9 - CHARENTES

4 JOURS - 220 KM

SAINTES > ROYAN > ST-PALAIS-SUR-MER >MARENNES > ROCHEFORT > FOURAS-LES-BAINS > LA ROCHELLE > MARANS

En remontant le long de la côte

UNE PÊCHE RESPECTUEUSE

La pêche, c'est aussi le plaisir des découvertes. Veillez aussi à ne pas détruire les fonds marins : remettez les pierres en place, ne labourez pas la vase. De même, vous pouvez relâcher vos prises dans la mer après une jolie photo souvenir !

À VOIR AUSSI

La **pointe de Suzac★** et la **pointe de Vallières★**, sur la route vers Royan, offrent de belles vues sur les plages de sable fin et l'estuaire. De jolies occasions de balade !

À VOIR AUSSI

Débarquez les pieds dans l'eau au **phare de Cordouan★★** : l'élégante tour blanche de 68 m de haut et 7 étages, inscrite au Patrimoine de l'Humanité de l'Unesco, est le plus ancien phare français en activité. *4h depuis Royan ou Verdon-sur-Mer. www.phare-de-cordouan.fr*

1re Étape

DÉPART DE SAINTES

Appréciez les premiers rayons du soleil dans les **jardins publics** de **Saintes★★**, vous y jouirez d'un **point de vue★** sur les hôtels particuliers de la rive gauche. Mettez alors le cap vers **Talmont-sur-Gironde★★**. Vous tomberez certainement sous le charme de ce bourg fleuri et, en suivant le chemin qui longe le port, vous atteindrez les falaises du Caillaud et leurs pêcheries sur pilotis : le **panorama★** sur l'estuaire vous ravira encore plus. Apercevez-vous les blanches falaises de **Meschers-sur-Gironde★**, criblées d'habitations troglodytiques ? Allez-voir les **grottes du Régulus★** ! Au fil des salles de ce site troglodytique suspendu dans les falaises, vous en apprendrez plus sur l'histoire des grottes et de la région. *81 bd de la Falaise - www.grottes-duregulus.com - visite libre ou guidée, toutes les heures.*

DÉJEUNER À ROYAN

En bord de mer, les produits de la pêche sont rois ! Aux **Filets Bleus**, décoré à la façon d'un bateau, vous pourrez déguster terrine de saint-jacques, minute de turbot, homard rôti et autres délices de la mer. Vous aurez du mal à choisir ! *14 r. Notre-Dame - €€.*

Ah, **Royan★★** ! La Perle de l'Océan, la star de la Côte de Beauté, l'incontournable de la Belle Époque ! Adoptez la douceur de vivre de la station balnéaire : depuis le port de plaisance, traversez la **plage de la Grande-Conche★** les pieds dans l'eau – gare aux grosses vagues, vous pourriez bien vous faire éclabousser ! Le **front de mer★** ne vous laissera pas indifférent. Au niveau de la **Conche de Pataillac★**, vous pourrez même admirer les villas cossues disséminées sous les frondaisons. L'endroit parfait – et aussi le plus en vue – pour étendre votre serviette et profiter de la plage !

DÎNER ET NUIT À ST-PALAIS-SUR-MER

Le embruns salés de la mer creusent l'appétit, c'est bien connu ! À l'**hôtel-restaurant de la Plage**, vous vous régalerez d'une cuisine tout en finesse : harmonie des saveurs, cuissons millimétrées, justesse et fraîcheur sont dans l'assiette. Choisissez une chambre avec vue sur la mer si vous le pouvez ! *1 pl. de l'Océan - www.hoteldelaplage-stpalais.fr - €€.*

2e Étape

DÉPART DE ST-PALAIS-SUR-MER

Saint-Palais-sur-Mer★ accueille la **Maison des Douanes** (*46 r. de l'Océan - www.agglo-royan.fr*), un site consacré... à la contemplation du littoral ! C'est aussi là que commence le **sentier de la Corniche★** menant à la **Grande Côte★★** *30 mn AR*). Même dans les bois, la mer n'est pas loin : le flot s'engouffre avec un bruit de tonnerre dans une anfractuosité sous-jacente au sentier ! Depuis la pointe aux rochers bizarrement découpés, contemplez le spectacle grandiose des lames s'écrasant avec fracas.

PHARE DE CORDOUAN

Un circuit d'un autre genre vous attend à **Mornac-sur-Seudre★** : jolies maisons blanches aux volets bleus, étroites ruelles, nombreux artistes et artisans... Et surtout, les **marais de la Seudre**, idéaux pour découvrir les « taillées », ces digues quadrillant les claires à huîtres *(3 ou 5 km à pied)*.

DÉJEUNER À MARENNES

Que diriez-vous de **Manger sur la plage** ? C'est bien le nom de cette table décontractée, qui propose une cuisine d'inspiration marine, avec un choix alléchant de crustacés, de poissons, et bien évidemment d'huîtres : l'établissement appartient à la famille Gillardeau, les célèbres ostréiculteurs. *61 av. William-Bertrand - www.dormirsurlaplage.fr - €€€.*

C'est marée basse, c'est l'heure de découvrir l'**île Madame★**. Empruntez la **passe aux Boeufs★** depuis Port-des-Barques *(env. 1 km de longueur)*. Insolite et sauvage, l'île n'est occupée que par une ferme aquacole et quelques maisons, entourées de marais salants. Saluez l'océan, vous ne le reverrez pas à **Rochefort★★**. Quoique... En effet, même si on ne l'aperçoit jamais, il est omniprésent dans la ville qui doit à Louis XIV son riche passé maritime. Le **quartier de l'Arsenal★★**, où se préparaient les grandes expéditions, accueille aujourd'hui l'**Arsenal des mers★★**, constitué notamment du **musée national de la Marine★** et de la **Corderie royale★★**. Une chouette façon de découvrir son histoire.

DÎNER ET NUIT À ROCHEFORT

Votre découverte du passé rochefortais se poursuit dans l'ancien Magasin aux vivres, au restaurant **Vivre(s)** de Grégory Coutanceau. La cuisine y est moderne : des cuissons au gril à charbon, des produits de la mer et des viandes maturées sur place. *14 quai aux Vivres - www.vivres.net - €€€.*
Aménagées dans l'ancienne sous-préfecture, les chambres de **L'Esprit du 8** sont spacieuses, décorées selon le thème des grandes femmes designers du 20e s, et d'un confort absolu ! *8 r. Jean-Jaurès - www.lespritdu8.com - €€€.*

3e Étape

DÉPART DE ROCHEFORT

À la pêche aux moules-moules-moules... **Fouras-les-Bains★** est un site très prolifique pour débusquer mollusques et crustacés. Mais ne vous laissez pas surprendre par la marée haute, qui peut remonter très vite. Retirez alors vos bottes, rangez vos épuisettes et déambulez dans les allées de la jolie station balnéaire, et sur la **promenade des Sapinettes★** qui domine la Grande Plage.

DÉJEUNER À FOURAS-LES-BAINS

Prolongez votre escale en déjeunant à **La Fumée**. Face à l'île d'Aix et au fort Boyard, ce restaurant de poissons propose aussi des viandes et de superbes plateaux de fruits de mer. Une adresse prisée pour son cadre et ses produits frais. *Pointe de la Fumée - www.restaurant-lafumee.fr - €€.*

À VOIR AUSSI

Si vous voulez vous initier au marais, rendez-vous au **marais salant de Mornac**. Le saunier vous explique la production du sel et de la fleur de sel, et présente la faune et la flore de cet environnement particulier. *R. des Mouettes - www.seldemornacfr - visite guidée (1h30).*

LES MARÉES

Les marées sont ici très difficiles à calculer avec précision car les conditions géographiques et météorologiques sont particulières. Renseignez-vous toujours sur les horaires des marées avant n'importe quelle activité (rejoindre une île, baignade, balade sur la plage, par exemple pour la pêche à Fouras). Pour revenir sur la terre ferme depuis l'île Madame, prévoyez une marge d'une demi-heure : le passage n'est découvert qu'à marée basse !

Naviguez au rythme de vos envies à **La Rochelle★★★**. L'appel du large reste très fort dans ce port qui a vu partir tant de voyageurs et d'explorateurs. Cité phare du nautisme, La Rochelle reste tournée vers la mer, avec un magnifique port de plaisance et son **vieux port★★★**. La **vieille ville★★** regorge aussi de belles surprises, comme le **Muséum d'histoire naturelle★★**. Le plus vieux musée de La Rochelle présente ses collections exceptionnelles dans une scénographie très moderne. La mer s'invite ici aussi, dans la **galerie de zoologie★** avec des mammifères marins ou encore dans la collection de minéralogie avec des **fossiles de mollusques marins★**.
28 r. Albert-Ier - www.museum-larochelle.fr

À VOIR AUSSI

Le **musée du Nouveau Monde★, la cathédrale St-Louis★**, le **café de la Paix★**, la **maison Henri II★** ou encore le **bunker de La Rochelle★** : que choisirez-vous de découvrir lors de votre passage dans cette riche ville ?

DÎNER ET NUIT À LA ROCHELLE

Dégustez la cuisine du deuxième frère Coutanceau, **Christopher Coutanceau**❀❀❀❀. La cuisine de la mer est portée ici par un sens éclatant du produit et des saveurs et sublimée par l'écrin de la salle grande ouverte sur l'océan. *Plage de la Concurrence - christophercoutanceau.com/fr/restaurant-coutanceau.html - €€€€.*
Réservez à la **maison d'hôte Entre Hôtes,** une maison d'armateur faite de cette belle pierre blanche charentaise. Les chambres sont habillées de tons doux et feutrés et le jardin est idéal pour le petit-déjeuner aux beaux jours.
8 r. Réaumur - www.entre-hotes.com - €€€.

ALTERNATIVE

Petite sœur du restaurant Christopher Coutanceau, **La Yole de Chris** offre une ambiance à la fois décontractée et raffinée. Face à l'océan, la carte fait la part belle aux produits de la mer et aux spécialités marines. - *€€.*

4e Étape

MATINÉE À LA ROCHELLE

Offrez-vous une **sortie en mer** au large du célèbre **fort Boyard** – promis, pas de course contre la montre ni d'épreuve alambiquée à bord ! Au contraire, vous pourrez vous détendre à bord du navire que vous choisirez et profiter du clapotis relaxant des vagues. *Plusieurs organismes sur place, tous avec leurs spécificités (bateau à vision sous-marine, catamaran, voilier écosolaire...), notamment cours des Dames et av. Michel-Crépeau.*

À VOIR AUSSI

Plongez au cœur de l'océan à l'**aquarium La Rochelle★★**, qui abrite plus de 12 000 animaux marins et 600 espèces différentes. Les bassins recréent le plus fidèlement possible les écosystèmes des espèces présentées et les grandes innovations muséographiques vous feront vous sentir... comme un poisson dans l'eau ! *Quai Louis-Prunier - www.aquarium-larochelle.com*

DÉJEUNER À LA ROCHELLE

Pour déguster un copieux plateau de fruits de mer à un prix raisonnable ou des grillons charentais de chez Riton, à Surgères, il n'y a pas mieux que **Le Panier de crabes** ! Craquez, c'est frais et savoureux... *Pl. de la Fourche -* *- €€.*

Exceptionnel tant par sa beauté que par sa nature préservée, le **Marais poitevin★★** est la deuxième plus grande zone humide de France après la Camargue. Pour plonger dans la nature du **marais mouillé★★** et en apprécier la beauté et le mystère, louez une barque au départ de **Marans** pour faire la promenade au rythme silencieux d'une poussée à la pelle ou à la pigouille. Glissez sur les eaux des conches, canaux et fossés, enveloppés en été par un épais feuillage tamisant la lumière. Une journée qui vous aura ouvert les portes de la navigation ! *www.maraisplaisance.fr*

Et si on allait voir plus loin

Notre sélection de sites, adresses, expériences nature en dehors de l'itinéraire

ANGOULÊME

Périph'vert

Vous serez surpris des paysages naturels très verts et des petits patrimoines méconnus que vous pouvez découvrir dans cette boucle pédestre qui fait le tour d'**Angoulême★★** en 19 km. Les **vues★** sur la capitale des Valois sont superbes. *www.angouleme-rando.com, au départ des Chais Magelis, 5h.*

COGNAC

Jardin public, parc de l'Hôtel de Ville★

À seulement 10 mn à pied du remarquable **musée des Savoir-faire du cognac (M'CO)★★**, en plein centre de **Cognac★★**, se trouve ce havre de paix. S'y promener fait un bien fou, avec son petit lac, l'eau courant dans des rigoles entre les pierres plates, l'ombre des grands arbres, le chant des oiseaux...

DAMPIERRE

L'Asinerie du baudet du Poitou★

Investie d'une importante mission d'élevage conservatoire, l'asinerie veille a la sauvegarde des races mulassières du Poitou : le baudet du Poitou, le cheval de trait poitevin mulassier et la mule poitevine. Dans un espace naturel protégé de 55 ha, elle leur offre aujourd'hui un cadre paisible entre forêts et Boutonne. Quant au visiteur, il peut en apprendre plus sur cette race toujours menacée tellement attachante. *www.asineriedubaudet.fr*

ÎLE D'OLÉRON

Ah, l'**île d'Oléron★** ! Rien que son nom évoque les vacances. Vous pourrez profiter de ses embruns océaniques, de ses couleurs changeantes, de sa nature sauvage, de ses kilomètres de plages de sable et... de ses fameuses huîtres ! L'agréable station balnéaire de **Saint-Trojan-les-Bains★** possède bien quatre plages de sable fin ! Pour apprendre les secrets de la saliculture, cap sur l'écomusée du **Port des Salines★** et sur le sentier d'interprétation *(Grand-Village-Plage - www. port-des-salines.fr)*. Dans le **Marais aux oiseaux**, vous pourrez arpenter les chemins balisés du parc ornithologique et animalier à la découverte de la faune et la flore *(Les Grissotières - www. marais-aux-oiseaux.fr - visites et animations)*.

ÎLE DE RÉ

Commencez par **Saint-Martin de Ré★★**, le bourg le plus important de l'**île de Ré★★**. Grimpez dans les hauteurs pour retrouver le calme et profiter de cette charmante cité, bien à l'abri derrière d'impressionnantes **fortifications★★** classées au Patrimoine mondial de l'Unesco. Poursuivez par le **phare des Baleines★** (1854), point culminant de l'île (57 m). Il vous faudra monter 257 marches pour parvenir au sommet et jouir d'un superbe **panorama**. À marée basse, on distingue fort bien les écluses à poissons, aménagées à la pointe. *155 allée du Phare - www.pharedesbaleines.com*

ROCHEFORT

Île d'Aix★

Avec ses bois de chênes verts, de pins et de tamaris, ses criques et ses plages de sable fin sur lesquelles veillent de vénérables fortifications, cette toute petite île aux allures méditerranéennes se prête aux longues promenades baignées de lumière océane. Une île qui se découvre paisiblement... *Environ 3h pour parcourir le sentier des Douaniers et faire le tour de l'île.*

ITINÉRAIRE 10 - PAYS BASQUE

5 JOURS - 225 KM

BIARRITZ > SAINT-JEAN-DE-LUZ > ASCAIN > SARE > CAMBO-LES-BAINS > SAINT-JEAN-PIED-DE-PORT > LARRAU > SAINTE-ENGRÂCE >BEDOUS

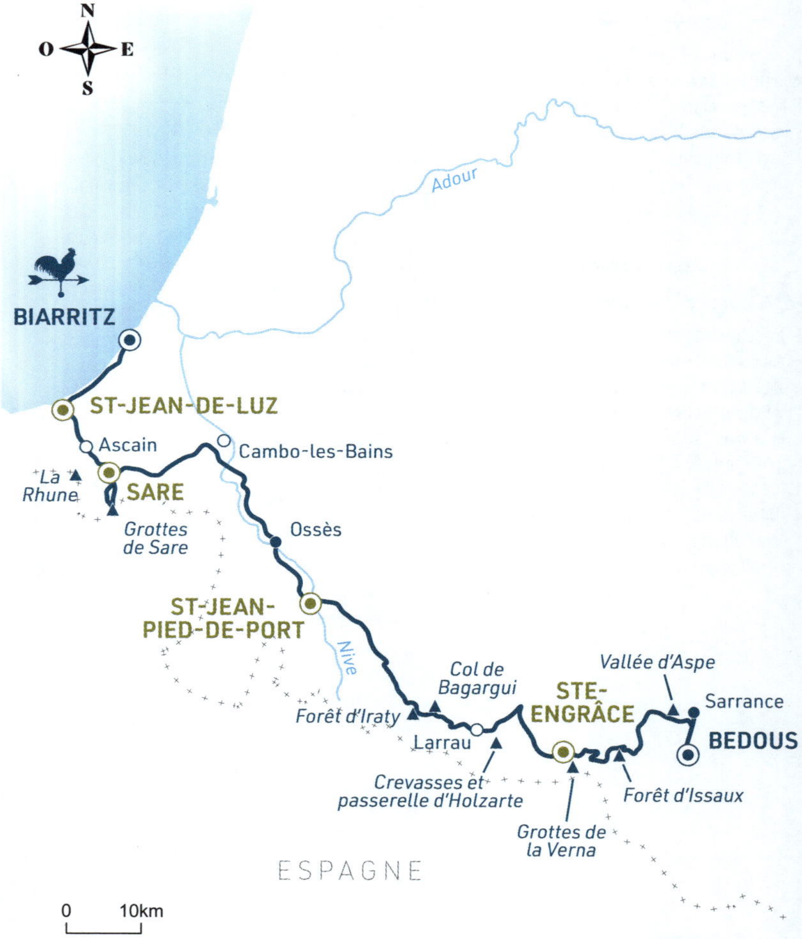

À la rencontre de l'océan et des montagnes

ROCHER DE LA VIERGE

1re Étape

MATINÉE À BIARRITZ

Pour découvrir la star des cités balnéaires sous son meilleur angle, direction la **promenade du littoral**, à suivre à pied, entre les tamaris et l'océan, depuis la **plage de la Côte-des-Basques★** jusqu'au phare de la pointe St-Martin *(une heure aller sans les arrêts et... sans baignade, n'oubliez pas le maillot)*. Le chemin vous fera passer par des jardins, des plages, des belvédères et quelques passerelles permettant d'atteindre les îlots rocheux, dont le **rocher de la Vierge★** devenu symbole de Biarritz. C'est sublime. Au passage, vous apercevrez aussi de magnifiques villas, véritables témoins de l'histoire de la ville. Arrêtez-vous à l'**aquarium de Biarritz★★** pour une passionnante plongée dans le golfe de Gascogne et dans les océans du monde entier. *Espl. du Rocher-de-la-Vierge - www.aquariumbiarritz.com.* À la **pointe Saint-Martin**, une montée de 248 marches au sommet du **phare** sera récompensée par la vue, époustouflante, des Landes aux Pyrénées. *Espl. Élisabeth-II - www.destination-biarritz.fr*

DÉJEUNER À BIARRITZ

À **L'Entre-Deux**, très bonne table centrale, le chef associe les saveurs de saison avec brio et fait preuve d'une maîtrise technique sans faille : on y passe un délicieux moment ! *5 av. du Maréchal-Foch - www.lentredeuxbiarritz.com - €€€.*

Dans le sud de Biarritz, la **cité de l'Océan★** surgit comme une grande vague entre ciel et terre. Ici, point de poissons mais un espace ludique et interactif, qui prend l'océan comme terrain de jeux et le surf comme moyen de transport. *1 av. de la Plage - la Milady - www.citedelocean.com*
Cap ensuite sur **Saint-Jean-de-Luz★★**afin de savourer un farniente sur la Grande Plage et une balade dans le petit **port★** de carte postale (foule en été), avec ses bateaux de couleur vive et ses pêcheurs œuvrant sur le quai.

DÎNER ET NUIT À SAINT-JEAN-DE-LUZ

Installez-vous confortablement dans le charmant **hôtel de la Plage**, à deux pas du vieux port et aux premières loges pour la baignade. *Prom. Jacques-Thibaud - angle 33 r. Joseph-Garat - www.hoteldelaplage.com - €€€.*
Ce sera ensuite un plaisir de sortir dîner, en passant par **l'église Saint-Jean-Baptiste★★** et les ruelles du centre-ville. Le **Komptoir des amis**, avec sa cuisine raffinée composée de produits frais et locaux, vous ravira.
7 bd du Commandant-Passicot - lekomptoirdesamis.com - €€.

LA DESTINATION SURF
C'est à Biarritz, sur la plage de la Côte-des-Basques, que le surf a débarqué en Europe en 1957. Aujourd'hui encore, cette plage au pied d'une falaise imposante est l'un des spots les plus connus de la région. Partir à la conquête des vagues vous titille ? Lancez-vous pour un cours d'initiation ou un petit stage. *École de surf Lagoondy - lagoondy.com*

ALTERNATIVE

Les Basques ne plaisantent pas avec la bonne chère. Les **Halles** accueillent d'excellents artisans de bouche et producteurs locaux. Une pause s'impose dans l'un des cafés et restaurants tout autour, où l'on se régalera de plats élaborés à partir de légumes du cru, pêche locale et viande fermière (piperade, pimientos, axoa, jambon de Bayonne, chipirones, fromage de brebis...). Nos préférés ? **Le Bar Jean**, le **Café du Commerce**, ou aussi **Chéri Bibi** *(le soir seult). Marché tlj 7h-13h30 - halles-biarritz.fr*

2e Étape

DÉPART DE SAINT-JEAN-DE-LUZ

Après avoir piqué une tête, à la fraîche, dans la superbe **baie** face à votre chambre, gagnez le **jardin botanique littoral Paul-Jovet** par le sentier du littoral *(env. 20mn)*.

Une aubaine pour apprendre à reconnaître les plantes des différents écosystèmes de la Côte basque et scruter aussi quelques spécimens exotiques. À la clé, un fabuleux **panorama** depuis le sommet du jardin (*31 av. Gaëtan Bernoville*). Quittons maintenant le littoral pour grimper dans les montagnes toutes proches et tout aussi solidement campées dans leurs traditions. Un arrêt promenade est très tentant dans le charmant bourg d'**Ascain★** avec sa place de village on ne peut plus basque (petit fronton, imposante église, maisons labourdines).

DÉJEUNER À ASCAIN

Dans la région, vous l'avez remarqué, la convivialité n'est pas un vain mot, et on le constatera à la **Cidrerie Berri**. Au milieu des chais, de longues tables vous accueillent pour un festin basque partagé. *« Txotx ! »* ; c'est le signal : le *sagardoa* (cidre) jaillit d'une barrique. Côté repas, vous opterez pour les *pintxos* ou la *txuleta* (côte de bœuf) grillée au charbon de bois sous vos yeux. *Chemin de la Cidrerie* - f - €€.

Nous voilà revigoré pour partir à l'assaut de la montagne emblématique du pays Basque, la **Rhune★★★** (900 m), à condition bien sûr d'être bien chaussé, protégé du soleil et d'avoir fait le plein d'eau (*au dép. du col de St-Ignace, 2h30 à 3h pour la montée, 2h pour la descente, balisage jaune, difficulté moyenne*). Certes, la montée est rude mais en vaut tellement la peine. Option moins fatigante mais qui a aussi son charme : le joli **train à crémaillère** centenaire qui vous hissera au sommet en 35mn (*billet retour simple possible : achat au sommet, cafés-restaurants sur place - www.rhune.com*). Là-haut, la vue, sublime, embrasse toute la région de l'océan à la chaîne des Pyrénées et donne un aperçu de la beauté des villages. À proximité immédiate du col, la **Maison Ortillopitz★**, belle et vaste ferme labourdine du 17e s. permet d'entrer dans la vie quotidienne d'une famille basque (*www.ortillopitz.com*). En fin de journée, gagnez le village de **Sare★** (à 5 mn), haut lieu de la préhistoire, qui a soigneusement préservé son authenticité.

DÎNER ET NUIT À SARE

Le quartier Ihalar à Sare est un havre de tranquillité, bordé de superbes maisons, et entouré de prairies et de collines. C'est là que se trouve l'**hôtel-restaurant Baratxartea**, accueillant établissement familial où vous choisirez une chambre avec terrasse. Au restaurant, vous apprécierez les spécialités locales assorties de légumes du jardin. *www.hotel-baratxartea.com* - €€.

3e Étape

DÉPART DE SARE

Une bonne partie de la matinée sera consacrée au fabuleux monde souterrain : les **grottes de Sare★**. Vous découvrirez au fil d'un parcours (*1h*) l'extraordinaire travail de l'eau qui, au cours des siècles, par corrosion et abrasion, a sculpté

À VOIR AUSSI

Pour varier les perspectives et les plaisirs, louez un **canoë** ou un **paddle** à **Ascain** et partez pagayer sur les eaux calmes de l'estuaire de la Nivelle. On peut même pousser jusqu'à Saint-Jean-de-Luz. *Aquabalade - aquabalade.com*

À VOIR AUSSI

Envie de marcher sans pour autant gravir la Rhune ? Suivez le **sentier**, balisé et jalonné de panneaux explicatifs, **à la découverte du porc basque**. La promenade, facile, conduit à travers un paysage magnifique jusqu'au col du Suhalmendi (vue de toute beauté) menant aux abords de plusieurs parcs à porcs. *Dép. du train de la Rhune, 2h AR.*

ADRESSE

Le centre équestre Olhaldea à Sare est tout trouvé pour partir en chevauchée dans les vastes espaces environnants. *olhaldea.eus*

SAINT-JEAN-DE-LUZ

les nombreuses galeries dans l'immense massif calcaire. Géologie, Préhistoire, mythologie et culture basque se dévoilent tout au long de la visite. Le parcours s'achève par le musée, qui retrace l'occupation de la grotte par l'homme depuis la Préhistoire et par un parc mégalithique (*www.grottesdesare.fr*).

DÉJEUNER À CAMBO-LES-BAINS

Ambiance thermale et belle architecture au **Pavillon Bleu.** Calez-vous sur la terrasse donnant sur un magnifique jardin planté de palmiers et où coule la Nive et savourez la cuisine qui associe recettes d'aujourd'hui et produits du terroir. *5 av. des Termes - www.arnaga.com/le-pavillon-bleu/349 - €€.*

En 1900, Edmond Rostand tombe sous le charme de **Cambo-les-Bains★**, station thermale nichée dans un cadre naturel superbe, et décide de s'y installer en imaginant lui même une vaste demeure, la **villa Arnaga★★**, de style néobasque. Ne manquez pas cette visite : elle regorge de trésors, tant à l'intérieur qu'à l'extérieur, avec ses splendides jardins. *www.arnaga.com*

Marquez un arrêt au **village d'artisans** à la sortie d'**Ossès** pour observer leur travail, visiter des ateliers et, pourquoi pas, faire quelques emplettes : produits fermiers à Kaiku Borda, potier céramiste Goicoechea, chocolaterie Laia... *(de part et d'autre de la D 918, à la sortie d'Ossès en dir. de St-Jean-Pied-de-Port)*. Allons voir maintenant la dernière étape française des pèlerins de Compostelle : **Saint-Jean-Pied-de-Port★**, logée dans un splendide cadre de montagnes. Arpenter la cité (chemin de ronde, ruelles, berges de la Nive) en fin de journée ou à la nuit tombante, quand la citadelle a retrouvé du calme, est un vrai bonheur.

DÎNER ET NUIT À SAINT-JEAN-PIED-DE-PORT

La promenade dans la vieille ville vous a mis en appétit ? **Le Chat perché** sert une cuisine régionale élaborée à base de produits frais et de qualité (salade fraîcheur, chipirons, axoa de veau...) et l'on peut s'attabler sur la belle terrasse adossée au rempart. *11 r. de la Citadelle - - €€.*

Pour une nuit paisible et douillette, la **Maison Tartasenia**, dominant joliment St-Jean-Pied-de-Port, sera parfaite. Plusieurs fois centenaire et restaurée avec un grand respect des lieux, elle est entourée d'un magnifique jardin. L'hôte, Marie, assure un accueil chaleureux. *1 rte du Maréchal-Harispe - tartasenia.com - €€.*

4e Étape

DÉPART DE SAINT-JEAN-PIED-DE-PORT

Direction la frontière espagnole en suivant la splendide route qui grimpe par le col de Burdincurutcheta, traverse la **forêt d'Iraty★**, majestueux massif de hêtres *(plusieurs sentiers balisés)*, franchit le **col de Bagargui★** puis rejoint **Laugibar** *(2,5 km après Larrau)*. C'est là que l'on s'arrête afin de suivre le sentier vers les **Crevasses et la passerelle**

ADRESSE

En juin et juillet, sur les coteaux du **domaine Xixtaberri**, verger biologique de Cambo-les-Bains planté en myrtilles, on profite de la vue tout en cueillant les baies. L'exploitation produit confitures, coulis, jus et vinaigres. Quelques chambres à louer. *myrtilles-cambo.com*

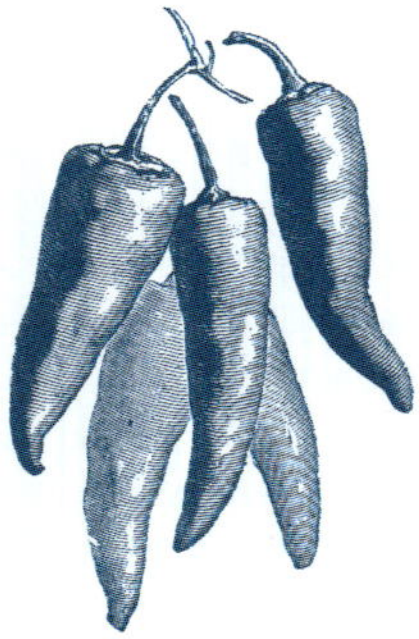

LA STAR DU PAYS BASQUE

Le **piment d'Espelette** (AOC) est partout dans la région, notamment sous forme de tresses séchant sur les façades des maisons. On vous recommande d'aller découvrir, sur les exploitations, comment on le cultive. Carte des producteurs : *www.pimentdespelette.com*

ADRESSE

Envie de rester plus longtemps ? La **maison Donamaria**, grande demeure du 18e s. propose des chambres coquettes donnant sur la Nive, petite cascade, pont romain, parc boisé et piscine dans le jardin. *2 nuits mini. - 1 ch. d'Olhonce - maisondonamaria.fr - €€*

d'Holzarte★ *(1h30 à pied AR par le GR 10, bonnes chaussures indispensables).* Après une rude montée dans une nature sauvage et verdoyante, vous apercevrez l'entrée des « crevasses », spectaculaires gorges taillées dans le calcaire sur près de 200 m de hauteur. Le sentier passe au-dessus de la gorge affluente d'Olhadubi, qu'il franchit sur une **passerelle suspendue** à 171 m de hauteur, construite en 1920 ; une expérience unique !

DÉJEUNER À LARRAU

Pour vous remettre de vos émotions, rejoignez Larrau, charmant village montagnard, où l'auberge **Etchemaïté** allie plaisirs gastronomiques et visions enchanteresses sur les montagnes. Pierre et Cathy proposent une carte régionale et de saison, et ses incontournables : assiette autour de l'agneau, pavé de bœuf de Soule, etc. *Le Bourg - www.hotel-etchemaite.fr - €€.*

En route vers les grottes de **La Verna★★**, la 3e plus grande cavité connue au monde. Ce site exceptionnel propose, à travers sa visite couplée à une randonnée souterraine de niveau moyen, une incroyable exploration spéléologique *(prévoir vêtements chauds et bonnes chaussures - www.laverna.fr).* Un peu plus loin, **Sainte-Engrâce★**, charmant village de bergers entouré de montagnes boisées, invite à une pause. De nombreux sentiers de randonnée serpentent autour, offrant des panoramas d'une beauté saisissante.

À VOIR AUSSI

À Sainte-Engrâce, l'**église romane** (12e s.), qui jalonnait autrefois un itinéraire vers St-Jacques, dresse son toit asymétrique dans le superbe site pastoral de la combe supérieure de l'Uhaitza. Observez les pieds de colonne, sculptés de figures animales et humaines, ainsi que les **chapiteaux★** richement ornés.

DÎNER ET NUIT À SAINTE-ENGRÂCE

Prenez vos quartiers au cœur du village dans l'une des chambres d'hôtes de la chaleureuse **maison Prebenda-auberge Elichalt**, prisée des locaux. Vous vous régalerez d'une copieuse cuisine régionale. *Place de l'Eglise - www.maison-prebenda-elichalt.fr - €€.*

5e Étape

DÉPART DE SAINTE-ENGRÂCE

La route est somptueuse mais, accrochez-vous, ça tournicote. Après le col de Labays, elle serpente à travers les futaies de hêtres, mêlés aux bouleaux et aux sapins, de la **forêt d'Issaux★** *(sentiers de randonnée).* Rejoignez la **vallée d'Aspe★★** où vous ferez une pause à **Sarrance** pour visiter l'écomusée de la vallée d'Aspe. Cette verte vallée aux paysages variés a gardé sa rudesse montagnarde, avec ses villages à l'architecture typique dans un décor naturel préservé et splendide, comme le vieux bourg de **Bedous**, bâti autour de la place du marché *(marché jeu. matin)* et qui a conservé un moulin à farine du 18e s. en état de marche.

À VOIR AUSSI

Vous disposez de plus de temps ? Poursuivez la découverte de la vallée d'Aspe jusqu'au **fort de Portalet★** dont la visite allie nature sublime, site spectaculaire et intérêt historique immense. *Visite guidée uniquement sur réserv. www.pyrenees-bearnaises.com*

DÉJEUNER À BEDOUS

Pause déjeuner dans l'ancienne gare de Bedous, réhabilitée avec brio en hôtel-spa-restaurant – **Transhumance & cie** –, très appréciée par les randonneurs. Garbure, truite aspoise, spécialités fromagères sont à la carte, ainsi que des plats cuits au feu de bois. *Possibilité de réserver une chambre, et le spa, pour le soir. 8 Avenue Robert Balangué - www.transhumancepyrenees.fr - €€.*

Et si on allait voir plus loin

Notre sélection de sites, adresses, expériences nature en dehors de l'itinéraire

ANGLET

Plages et forêt du Pignada★

La petite station balnéaire d'Anglet est le « paradis vert » de la Côte basque avec sa pinède et son littoral, unique au Pays basque, de 4,5 km de plages de sable fin. Les sportifs - surfeurs (plage des Cavaliers), nageurs, promeneurs et cyclistes - seront comblés. La promenade du littoral (4,5 km) est réservée aux piétons, et une piste cyclable permet de rejoindre Bayonne d'un côté, Biarritz de l'autre. *www.anglet-tourisme.com - www.lavelodyssee.com/itineraire/bayonne-biarritz*

AHUSQUY

Forêt des Arabailles★

Aucune route ne pénètre au cœur de ce massif que l'on découvre uniquement par les pistes pastorales. Mais qui s'en plaindrait ? C'est le meilleur moyen de capter la lumière mystérieuse de ses hêtraies, les effluves de mousse et de champignons et le son du vent malmenant les branches ou caressant l'herbe des clairières. Ne manquez pas le panorama depuis **Ahusquy★★**, lieu de rassemblement de bergers. Une randonnée part de la source d'Ahusquy et rejoint le plateau d'Eltzarre *(10 km - env. 5h30 AR - 420 m de dénivelé - balisage jaune)*. *www.en-pays-basque.fr*

AINHOA

On adore se promener dans le bourg d'**Ainhoa★** qui présente un superbe alignement de maisons basques colorées (17e et 18e s.), un fronton de pelote faisant presque corps avec l'église, et un cimetière hérissé de stèles discoïdales, très bel exemple de l'art funéraire basque. Charme assuré !
Poussez un peu plus loin en empruntant le sentier *(1h30 AR, tracé du GR 10)* qui vous mènera à la **chapelle de Notre-Dame-de-l'Aubépine**, édifiée sur les lieux où la Vierge serait apparue dans un buisson d'aubépine. Ce site de pèlerinage est l'occasion d'une belle promenade verdoyante (sous-bois sur une partie du trajet). En haut, vue sur **Ainhoa★** et sur la rade de St-Jean-de-Luz et Socoa. Si vous êtes là au coucher du soleil, la montagne prend une teinte « rouge basque ».

GUICHE

Lac de Guiche

Au sud du village, en direction de Bidache, le lac de Guiche est un magnifique plan d'eau entouré de falaises, qui s'est formé grâce à une source naturelle dans le bassin d'une ancienne carrière exploitée jusque dans les années 1990. Ses eaux pures et d'une température agréable (26° en été) en font un lieu parfait pour les baignades ! *Plage aménagée au niveau de la base de Pop : baignade, paddle, kayak, parcours d'aventures aquatiques, water jump. www.basedepop.fr*

HENDAYE

Domaine Abbadia

À la pointe Ste-Anne, ce domaine est un site naturel protégé typique de la Côte basque : prairies couvertes de landes à ajoncs et à bruyères s'arrêtant en falaises abruptes sur la mer. Vous pouvez voir les rochers des Deux-Jumeaux et, à l'aide de jumelles, observer les oiseaux migrateurs, tels le pluvier argenté, le busard cendré, l'outarde canepetière et le milan royal. *asporotsttipi.cpie-littoral-basque.eu*

AUTOUR D'OSSÈS

Mont Baigoura (Baïgura)

Pour monter au Baigoura (897 m), sommet emblématique du Pays basque avec la Rhune, rien de plus simple que le petit train ! VTT et parapentes sont embarqués à l'arrière. Un arrêt à mi-pente donne accès au départ d'un **sentier** de découverte jalonné de panneaux d'interprétation *(boucle de 2h ou de 3h)*, bon compromis pour ceux qui veulent découvrir la nature sans marcher depuis la base de loisirs tout en bas. Du sommet, on profite par beau temps d'une **vue** sur les villages de Basse-Navarre, la Côte basque et les montagnes pyrénéennes (table d'orientation). *www.baigura.com*

PAU

« Pau, la plus belle vue de terre, comme Naples est la plus belle vue de mer », selon le poète Lamartine. Ville natale d'Henri IV, **Pau★★** porte son royal passé avec sobriété et raffinement, ce dont témoigne son château. Et la douceur de son climat en a fait une station de villégiature de renom. À l'image de la promenade des Anglais niçoise, le **boulevard des Pyrénées★★** (1 800 m) fut construit à la fin du 19e s., avec vue magnifique sur la chaîne des Pyrénées. Impossible de passer à côté de cette balade panoramique chère aux Palois. Par temps clair, surtout le matin et le soir et en période hivernale, le spectacle est d'une grande beauté ; l'emblématique pic du Midi d'Ossau se détache parfaitement. Toujours à Pau, le **parc Beaumont** (fin du 19e s.) mérite aussi une escapade : somptueux arbres centenaires (cèdres, arbres de Judée, séquoias...), massifs fleuris, lac et kiosque à musique. Les vastes pelouses sont une invitation à un pique-nique, à la lecture ou au repos.

SAINT-MARTIN-D'ARBEROUE

Grottes d'Isturitz et d'Oxocelhaya★★

Sans hésiter, engouffrez-vous dans ces grottes, fréquentées depuis le paléolithique ! Situées l'une au-dessus de l'autre, elles correspondent à deux anciens niveaux du cours souterrain de la rivière Arberoue, qui coule maintenant plus bas. Les fouilles ont révélé des objets du quotidien, des fragments de flûtes taillées à partir d'os de rapaces et divers objets d'art. Sur un pilier, on peut admirer trois rennes gravés en épousant le relief de la pierre, ainsi qu'un cheval. Quinze mètres plus bas, à Oxocelhaya, se trouvent d'immenses salles décorées de concrétions extraordinaires. Des reproductions illustrent les dessins découverts sur les parois.
Grottes à 10mn à pied du parking - la visite englobe les deux grottes - www.grottes-isturitz.com

SAINT-PALAIS

Espace chemins-Bideak

Installé dans l'ancien couvent franciscain, cet espace unique vous invite à une promenade entre nature et culture. Son magnifique jardin de 3 000 m², riche de plus de 200 espèces de plantes, met en lumière les paysages typiques du Pays basque façonnés par l'homme. À l'intérieur, le bâtiment accueille des expositions temporaires, une bibliothèque et une fresque monumentale de 52 mètres de long qui raconte l'histoire de la Basse-Navarre.
www.chemins-bideak.com

VALLÉE DES ALDUDES

Occupée depuis l'Antiquité, comme en témoignent les cromlechs du site d'Argibel, la **vallée des Aldudes**★★ est une terre riche. Elle est aujourd'hui le berceau du renouveau de la race porcine basque, porté par la forte volonté de ses habitants. Quand la lumière rasante illumine les verts pâturages, vous apprécierez les randonnées en compagnie des brebis, des blondes d'Aquitaine et des cochons aux grandes oreilles noires.

Sentier de découverte du porc basque

Quinze étapes *(2 km, 1h env.)* vous mèneront de la « maternité » aux parcs en montagne, où vous pourrez observer une trentaine de porcs dans leur habitat naturel mais également des pottoks (poneys basques) et des brebis manech à tête noire. Le sentier offre un joli point de vue sur Roncevaux et le quartier pastoral d'Eznazu. Au lieu-dit Balcon de la vallée, on profite de la vue depuis la table d'orientation et d'un espace pique-nique.
Maison Pierre Oteiza - Rte d'Urepel - D 948 - www.pierreoteiza.com

Randonnée du col de Lepeder

Une sente pierreuse et pentue marque le début de cette promenade qui dévoile de beaux panoramas sur la vallée verdoyante et la frontière espagnole, plus découpée. La fin du circuit passe devant des élevages de cochons pie noir. Vous ne pourrez manquer, dans les champs, les étranges huttes de bois qui servent d'abri aux cochons.
Dép. du parking devant l'église des Aldudes 4 km - 2h - balisage jaune.

VALLÉE D'OSSAU

Amoureux de la nature, vous allez être gâtés par cette **vallée**★★ : paysages revigorants de fraîcheur et de pureté, pics se reflétant dans le miroir des lacs, cascades et torrents de montagne... Pour parfaire le tableau, vous pourrez observer tournoyer les grands rapaces dans le ciel, apercevoir une timide marmotte au seuil de son terrier, ou même un isard aux sabots légers sauter de rocher en rocher. À ne pas manquer : **le plateau de Bénou**★ *(randonnées et parcours d'orientation)* dans le bas Ossau, les **gorges du Bitet** *(1h à pied AR)*, le **lac de Bious-Artigues**★ *(tour du lac 1h)*, le **pic du Midi d'Ossau**, les **lacs d'Ayous**★★ *(montée 2h30, descente 1h30)*, le **pic de la Sagette**★★, le lac d'**Artouste**★ et la **route du col d'Aubisque**★★ dans le haut Ossau.
www.pyrenees-parcnational.fr

PIC DU MIDI D'OSSAU

ITINÉRAIRE 11 - MIDI TOULOUSAIN

3 JOURS - 224 KM

FOIX > LE MAS-D'AZIL > ST-BERTRAND-DE-COMMINGES >
NESTIER > CAMPAN > PIC DU MIDI DE BIGORRE

Pic et pic
et
Pyrénées

ADRESSE

Si vous passez par **Bélesta**, faites le plein de souvenirs qui sentent bon l'artisanat : à la **Limonade de Fontestorbes** *(23 rte de Fontestorbes)*, pour déguster une boisson 100 % naturelle, élaborée avec l'eau de la fontaine éponyme, et à **SiliCorne Vallée**, où les objets sont inspirés de l'archéologie et de la faune locales : bijoux, petits objets, statuettes. *Rte de Lavelanet - www.silicornevallee.com*

ALTERNATIVE

Dans le petit village d'**Arvigna**, laissez-vous surprendre par l'audace d'un couple qui n'a pas froid aux yeux. Au **Clos Saint Martin - La Métairie**, les produits sont évidemment du coin et la carte ne cache pas ses influences locales. Pourtant, cela n'empêche pas d'être dépaysé ! *1 r. du Marronnier - www.restaurantlametairie.fr - €€€.*

1re Étape

MATINÉE À FOIX

Arrivé en contrebas de la cité ariégeoise, vous ne regretterez pas votre escale, foi de Bibendum! Les trois tours du château, du haut de leur rocher, surplombent **Foix★** et sa rivière. Promenez-vous à proximité de la **halle au grain** du centre-ville, encombrée les mardis et vendredis de riverains venus faire leurs emplettes. On serpente parmi les artères étroites : un vrai dédale de ruelles. Une fois trouvée la rue du Rocher, maintenez votre cap, celle-ci mène tout droit au fameux **château★**. Sur le **pont de Vernajoul**, un moment photo s'impose car c'est de loin la plus belle vue que vous aurez sur la forteresse. Il y a pas à dire, elle fait son effet. Pas étonnant que Simon de Monfort s'y soit cassé les dents, par deux fois, en tentant de l'assiéger. Vous avez eu votre dose d'histoire ? À quelques kilomètres au nord de la ville se cache, et ce n'est pas un euphémisme, la **rivière souterraine de Labouiche★**. Engouffrez-vous dans ce réseau de galeries souterraines, creusées à travers les âges par deux ruisseaux et aménagées pour devenir navigables. L'occasion de réviser, au passage, la différence entre stalactite et stalagmite.

DÉJEUNER À FOIX

Faites confiance à Marie, la reine du **Chat chapeauté**, qui a troqué les fameuses pantoufles du félin contre des bottes de radis. Ici, tout est végé et coloré : chaque plat fait preuve d'inventivité par ses épices et ses associations. Les plus réticents auront même droit à une option viande ou poisson. Ne partez pas sans goûter tartes et pâtisseries. Chapeau l'artiste. *24 r. des Chapeliers - - €.*

Une fois Foix derrière vous, suivez la **route verte★★** pour en voir de toutes les couleurs : entre bois, champs et vallées, l'Ariège s'y décline sous ses différents visages. On pose la voiture au parking du hameau St-Matthieu : se dégourdir les jambes le temps d'un court sentier, menant au **Moulin de la Laurède**, pittoresque édifice isolé dans un cadre forestier des plus picturaux. À partir du **col de Péguère**, le **panorama** s'offre entièrement à vous. On troque la route verte pour celle de la **Crouzette★★**, qui suit le parcours de crête du **massif de l'Arize**. À 3,5 km de Péguère, garez-vous au passage d'un col où la route décrit une large boucle. En à peine 15mn, vous atteindrez le **sommet de Portel★★** et aurez un aperçu sur toute la vallée. Notre conseil : empruntez le vieux chemin qui descend rapidement à la **fontaine du Coulat**, agréablement située pour une halte. Sortez les nappes à carreaux, c'est l'heure du goûter! Il vous restera bien une pâtisserie du Chat Chapeauté, non ?

DÎNER ET NUIT AU MAS-D'AZIL

Reconnectez avec votre part la plus sauvage en passant la nuit à l'écolieu **Source Nature**, chambre d'hôte isolée en plein Parc naturel des Pyrénées ariégeoises. Une cuisine végétarienne comme on l'aime, symbole de respect vis-à-vis de vos voisins les chevreuils, biches et rapaces. Namasté. *Lieu dit St Albi - source-nature.fr - €€.*

2e Étape

DÉPART DU MAS-D'AZIL

Vous vous êtes déjà demandé à quoi ressemblerait votre vie si vous aviez vécu il y a 10 000 ans ? Nous non plus, mais une fois pénétré dans les entrailles de la grotte du **Mas-d'Azil★**, difficile de ne pas s'y projeter vêtu d'une peau de bête, traversant le massif rocheux du Plantaurel le long de ce boyau creusé par les eaux de l'Arize. On reste bouche bée devant l'entrée sud et sa voûte de 65 m de haut, qui semble tout droit sortie d'un roman de Jules Verne. La visite rappelle à notre bon souvenir les cours d'histoire-géo : on en apprend autant sur la géologie du lieu que sur les modes de vie à l'époque magdalénienne. L'esprit bien rempli, rendez-vous à **St-Bertrand-de-Comminges★★**, un village qui a traversé les âges de l'antiquité à nos jours. Impossible de la rater, la **cathédrale Ste-Marie★** s'aperçoit de loin, perchée sur son piton rocheux. De près, on n'en est pas moins impressionné par le **cloître★★**, à la poésie inhabituelle, qui donne sur les cimes alentour. Pour s'élever spirituellement, il suffit parfois de prendre de la hauteur !

DÉJEUNER À ST-BERTRAND-DE-COMMINGES

La table de St-Bertrand, nichée dans la ville basse, est un vrai petit bistrot comme on n'en fait plus ! Cette cuisine, qui s'adapte au gré des saisons, ne déçoit jamais : un dressage impeccable, des saveurs délicates, bref, un vent de fraîcheur dans l'assiette. *10 Le Plan - tabledestbertrand.fr - €€.*

Restez dans la thématique du jour et allez visiter les **grottes de Gargas★★** ! Rien à voir avec ce matin, ici une visite guidée en petit comité *(réserv. obligatoire)* présente ces deux cavités : reliées par un tunnel creusé au 19e s, elles constituent un véritable Centre Pompidou des temps anciens. Et oui, vous y observerez des centaines de dessins : signes et gravures préhistoriques représentant divers animaux dans la grotte supérieure, et empreintes de mains sur le modèle du pochoir dans celle inférieure. **La Grande Paroi des Mains** laisse pantois face à la quantité d'empreintes qu'elle regroupe : 137 ! Les billets permettent la visite de **Nestplori@**, centre numérique consacré à la préhistoire qui vient (en partie) lever le voile sur l'art de cette période à travers écrans et reconstitutions. Idéal à faire en tribu... euh en famille ! Histoire de prendre l'air après ces virées un brin claustrophobiques, on vous conseille d'aller flâner dans le charmant **parc paysager★** (180 essences) du **château de Valmirande**. Fontaine, lac, écuries, **chapelle★**, dépendances, c'est un vrai petit village de conte de fée !

DÎNER ET NUIT À NESTIER

Dans ce paisible village-étape du chemin de St-Jacques, un ancien relais de poste intrigue... On est accueilli comme il se doit à **La table de Serge**, restaurant de l'hôtel **Le Castéra**. Humm... ça sent bon les produits du terroir. Sublimés par le regard toujours inattendu du chef Serge, c'est un hommage à la région et à ses racines. À l'étage, promis : les lits sont tout aussi alléchants ! *Pl. du Calvaire - hotel-castera.com - €/€€.*

À VOIR AUSSI

À **Xploria**, c'est l'occasion d'un moment en famille. Au cœur de la forêt, un sentier fléché vous initie à l'histoire de la terre et de la biodiversité. Fossiles, panneaux explicatifs, plantes, tout l'attirail du paléontologue en herbe est là. *Rte de Sabara - www.xploria.com - Payant.*

ALTERNATIVE

Si vous êtes tombé sous le charme de St-Bertrand, alors pas de doute, vous serez comme un coq en pâte à l'**hôtel du Comminges**. Le matin, impossible de résister à un café sur la terrasse, idéalement située face à la cathédrale. On espère que vous avez un bon livre, car vous n'allez plus vouloir partir. *Parvis de la Cathédrale - €/€€.*

À VOIR AUSSI

Le massif de Paloumère recèle le plus grand réseau spéléologique de France. L'occasion de retrouver ses rêves d'enfants et de se lancer à cœur perdu dans la descente d'un canyon. Pas de panique, **Cocktail Aventure** propose des initiation pour commencer. *cocktailaventure.fr*

À VOIR AUSSI

Pour les amateurs de vélo, le **parcours cyclable de la Garonne** relie Carbonne à Fos. Une découverte de la région au fil de l'eau. Allez, en selle champion !

À VOIR AUSSI

Vous avez toujours secrètement rêvé de garder des moutons ? Changer de quotidien vous démange ? Avec **Vie d'estive** c'est possible : partagez la vie des bergers le temps d'une balade dans la vallée de Campan, ou partez en randonnée avec guide et chien de berger. *Quartier cote d'Esquiou - viedestive.com*

ALTERNATIVE

Un peu plus haut se niche **L'Étape du berger**, un resto à la déco rustique qui propose une cuisine typiquement bigourdane. Vous goûterez bien une truite des Pyrénées ? Ou peut-être une garbure ? Ou alors une presse de porc noir ? En tout cas, pensez à réserver. *Col Tourmalet - etapeduberger.com*

À VOIR AUSSI

Les hauts sommets ne vous font pas rêver ? Alors prévoyez un pique-nique, et faites-nous confiance ! On vous emmène au **lac bleu★★**, une randonnée de 4h AR dans la **vallée de Lesponne★**. La montée jusqu'au lac est un peu rude, mais en découvrant le lieu on oublie aussitôt tous ses efforts. Une dernière ascension sous le regard bienveillant des façades rocheuses du pic du Midi et du pic de Montaigu. *1 km avant Campan, prenez à droite la D 29.*

3e Étape

DÉPART DE NESTIER

Enfilez vos chaussures de marche, direction l'Amérique du Sud! Bon, pas tout à fait, mais la **Gourgue d'Asque★**, surnommée « petite Amazonie des Pyrénées », possède une végétation foisonnante qui évoque la fameuse forêt tropicale. Un sentier avance parmi ses tapis de mousse et de fougères, on y remonte la rivière qui se faufile en contrebas. Alors, vous êtes dépaysé ? Attendez d'être passé par l'étroit goulet qui mène à la partie haute de la vallée: ici, vous découvrirez la source de la rivière, foyer de l'humidité qui a créé cette flore étrangement luxuriante pour la région. Et pas d'excuse: même si vous êtes des randonneurs du dimanche, cette petite excursion, d'environ 2h30 AR, est précisément indiquée et sans aucune difficulté! Allez, ensuite, on roule jusqu'au **lac de Payolle**, qui propose un généreux panel d'activités, entre patinoire, chiens de traineau ou ski de fond en hiver, et canoë, pédalo ou VTT en été. Ou bien tout simplement, on s'installe au soleil, les doigts de pieds en éventail, pour profiter du calme de cet endroit paradisiaque.

DÉJEUNER À CAMPAN

Le midi, au **Gîte-auberge des cascades**, la carte passe en mode snacking, avec quatre assiettes proposées selon les différents appétits (omelette, espagnole, randonneur, pièce du boucher). Une cuisine faite maison, authentique et conviviale. De passage en soirée, c'est la totale: entrée, plat, fromages, dessert... Bref, de quoi récupérer de son ascension de l'après-midi!
486 rte d'Artigues - www.gite-auberge-les-cascades.fr - €.

C'est parti pour la montée! Direction celui qu'on surnomme le « vaisseau des étoiles », le **pic du Midi de Bigorre★★★**. Un premier téléphérique au départ de La Mongie conduit au **Taoulet**, où se déploient sous vos yeux des **vues★★** spectaculaires sur les massifs. Vous avez déjà perdu votre voix face à cette immensité ? Attendez d'arriver aux fameuses **terrasses**, qui s'étalent sur 1000m² et auxquelles on accède par un second téléphérique. D'ici, le **panorama★★★** sur la chaîne pyrénéenne est incomparable. Reprenez vos esprits: vous aurez besoin de toute votre tête pour avancer sur le **ponton dans le ciel**, une passerelle de 12 m de long qui s'avance au-dessus du vide. Vertige garanti! On trouve sur les terrasses plusieurs **tables d'orientation**, qui permettent de distinguer le pic de Crabère de l'Arbizon, le pic d'Aneto du massif Néouvielle, le mont Perdu de Vignemale, etc. Retenez bien la leçon, c'est à ça qu'on reconnaît un véritable voyageur nature! Pour finir votre escapade en beauté, laissez-vous bercer au cœur de **la coupole de l'observatoire** et de son **Planétarium**, un endroit ludique pour en découvrir autant sur les étoiles que l'histoire de la station scientifique. En haut du pic du Midi, devant tant d'immensité et de mystère, il ne faut pas avoir peur de se sentir tout petit.

Et si on allait voir plus loin

Notre sélection de sites, adresses, expériences nature en dehors de l'itinéraire

ARAGNOUET

Lac d'Orédon★

Autour du lac, la richesse de la **Réserve naturelle de Néouvielle** n'a d'égale que la beauté des eaux bleues des lacs. Trois randonnées au départ du lac : celle du **lac d'Aubert** *(1h30 aller)*, la **ronde des lacs** *(boucle de 4h30)* et la **Hourquette d'Aubert★★** (*3hAR*). *www.guide-toulouse-pyrenees.com*

CAUTERETS

Lac de Gaube★★

Excursion rituelle depuis un siècle et demi de tourisme pyrénéen, ce lac spectaculaire occupe un site d'une harmonie sévère, d'où vous pourrez voir les parois lointaines du massif du Vignemale où se maintiennent des glaciers suspendus. Vous pouvez accéder au lac via la télécabine du Puntas, puis le télésiège du lac de Gaube et 15mn à pied, sans difficulté, ou via le GR10, version plus sportive (*dép. immédiatement en aval du Pont d'Espagne - 3h AR*). Éblouissement garanti !

Le Pavillon des Abeilles

Aussi actif que leurs ruches, un couple d'apiculteurs propose miels biologiques des Hautes Pyrénées (rhododendron, tilleul, marjolaine, bruyère, châtaignier...), produits de beauté à base de miel et confiseries. *23 bis av. du Mamelon-Vert - www.ballot-flurin.com*

GAVARNIE

Cirque de Gavarnie★★★

Le cirque est un théâtre naturel grandiose encerclé par dix-sept sommets et arrosé par la plus haute cascade d'Europe (422 m). « C'est une montagne et une muraille tout à la fois, c'est l'édifice le plus mystérieux du plus mystérieux des architectes, c'est le Colosseum de la nature, c'est Gavarnie », s'extasiait Victor Hugo !

2h30 AR dep. le village de Gavarnie - assez facile - randonnée praticable de fin mai à fin oct. - le site est connu, vous ne serez pas seul en été, démarrez tôt ! » www.valleesdegavarnie.com - 2h à pied AR

LOUDENVIELLE

Vallée du Louron★

C'est l'un des plus beaux écrins naturels et vivants des Pyrénées ! Épicentre de la vallée du Louron, Loudenvielle combine authenticité, tradition et modernité avec en son cœur, le scintillant **lac de Génos**. La vallée propose une multitude d'activités *outdoor* familiales ou sportives. Les 15 villages typiques permettent de s'imprégner de la culture pyrénéenne. *www.vallee-du-louron.com/fr*

Sherpa - Base de chiens de traîneaux

En hiver, conduisez vous-même votre traîneau. En été, c'est cani-rando où chaque participant est harnaché à un chien : pratique dans les montées ! On peut aussi y atteler un sulky pour les enfants (à partir d'1 an). *www.sherpa-chientraineau.fr*

MÉRENS-LES-VALS

Les sources d'eau chaude de Mérens (40° C) coulent près du GR 10. Ces baignoires naturelles sont en libre accès. *www.pyrenees-ariegeoises.com*

La « randonnée guidée » de la **Grotte de Lombrives★★** est un émerveillement : on traverse une dizaine de salles, toutes différentes, les unes creusées dans le calcaire, d'autres tapissées de grès rouge ou de marbres de diverses couleurs, jusqu'au lac souterrain et au tombeau de Pyrène. *3 km au sud de Tarascon par la N 20 - www.grottedelombrives.com*

VALLÉE DE LA BETHMALE

Transhumance en Bethmale

En juin, c'est la transhumance, sur deux jours, des chevaux, vaches et chèvres avec animations et repas, au cœur de l'une des **vallées du Haut-Couserans★**. *transhumance-en-bethmale.fr*

ITINÉRAIRE 12 - LANGUEDOC

2 JOURS - 172 KM

ALÈS > LES PLANTIERS > VALLERAUGUE > FLORAC > MAS-SAINT-CHÉLY

De corniches en chaos

À VOIR AUSSI

À **St-Jean-du-Gard**, mardi, c'est jour de marché. Il est superbe. C'est un fait. Et là, les interprétations peuvent diverger : ambiance top, bons produits, il faut y aller ; versus, gros marché, plein de monde, impossible de se garer, fuyons. Sur ce, nous vous laissons.

ALTERNATIVE

Sur la terrasse du **Valestalière**, dans la vallée du même nom, on avale son paleron de bœuf confit dans un paysage de rêve. C'était une école avant d'être un restaurant. On aurait bien aimé grandir là. *Hameau de Valestalière - 855 rte de Lasalle - Monoblet - www.aubergedevalestaliere.fr - €€/€€€.*

NŒUD HYDROGRAPHIQUE
Point culminant des Cévennes, le mont Aigoual arrête la moindre goutte d'eau qui se baladerait depuis l'Océan et/ou la Méditerranée. Résultat, il s'enveloppe souvent dans la brume. Scrutez la météo.

1re Étape

DÉPART D'ALÈS

Pas besoin d'un chagrin d'amour pour entreprendre la traversée des **Cévennes★★★**. Avant de joindre vos pas à ceux de Stevenson, laissez votre côté panda s'épanouir dans la **bambouseraie de Prafrance★★** *(552 r. de Montsauve - Générargues - www.bambouseraie.com)*. Certes, les bambous de 20 m de haut sont alléchants, et frais en été, mais c'est le jardin tout entier (34 ha) qui vous dépayse un panda : tantôt chinois, tantôt laotien, tantôt japonais, le paysage varie et compose autant d'images mémorables. Rejoignez le point d'arrivée de Modestine et de son maître, soit **St-Jean-du-Gard**, petite bourgade posée sur la rive gauche du Gardon. Visitez la **Maison Rouge - Musée des Vallées cévenoles★**, puis visez **Les Plantiers** et sa **maison de l'Eau**. Vous aurez entre temps suivi la jolie **vallée Borgne** fermée par la crête des Cévennes, en longeant le Gardon de St-Jean. Les villages encaissés dans la nature sauvage vous plairont.

DÉJEUNER AUX PLANTIERS

Une fois que vous aurez assimilé la leçon de l'eau, à ne pas oublier par les temps qui courent, continuez à vous enfouir dans les Cévennes et déjeunez à la bonne franquette sur la terrasse du **Caylou**. Attenant au camping qui profite des rives du ruisseau de Borgne, le restaurant sait préparer les vraies frites, maison, en immersion dans la canopée. *www.camping-caylou.fr - €.*

C'est maintenant que nous allons voir si, en plus du panda, un chamois sommeille en vous. Le village de **Valleraugue** est connu pour être le point de départ du sentier des 4000 marches. Le chiffre fait un peu frémir. On va commencer par monter (en voiture) au sommet du **mont Aigoual★★★** pour admirer le panorama. Là-haut, visitez le **Climatographe** *(climatographe.fr)*, excellente initiative qui place les mots justes sur le changement climatique. Vous sortirez chargé de bonnes résolutions pour vous lancer sur le **sentier des Botanistes** *(boucle de 4,7 km - 3h30)*, qui descend vers l'est et emprunte (sur 300m seulement, rassurez-vous) le sentier des 4000 marches avant d'obliquer à droite vers l'**Hort-de-Dieu**, un arboretum avec vues sur le versant sud de l'Aigoual, ses crêtes schisteuses et, au-delà, la succession des serres cévenoles. Contrairement à nous, les vrais marcheurs auront attaqué dès l'aube le fameux **sentier des 4000 marches** jusqu'au sommet de l'Aigoual pour une fantastique randonnée *(1200 m de dénivelé - 8h)* qui suit les crêtes et plonge dans la forêt.

DÎNER ET NUIT À VALLERAUGUE

Authentique et soucieuse du bien-être de ses hôtes, voilà une auberge qui mérite son nom. On sait encore recevoir au pays de l'**Auberge cévenole**, où vous reprendrez des forces et passerez une nuit au calme. De toute façon, après la marche, même au bord de l'autoroute, vous auriez eu un sommeil de plomb. Produits bio côté table et terrasse complètement verte. *La Penarie - aubergecevenole.fr - €.*

2e Étape

DÉPART DE VALLERAUGUE

Rejoignez par la vallée Borgne la **corniche des Cévennes★** (D 9) qui remonte à Florac. Vous emprunterez ainsi une portion de la route royale qui conduisait de Nîmes à St-Flour, avec des vues panoramiques sur les vallées cévenoles, comme celle du **site du Tableau**, juste après **Le Pompidou**, ou celle du **col des Faïsses**. Il y a 190 millions d'années, pataugeant dans la lagune devenue le promontoire calcaire du village de **St-Laurent-de-Trèves**, vous auriez eu toutes les chances de tomber sur un grallator, sympathique bipède de 4 m de haut. Même si les dinosaures vous laissent de glace, marchez jusqu'à l'éperon rocheux en haut du village *(5mn à pied de la route)* pour la **vue★**. La bourgade de **Florac** s'élève au pied de falaises dolomitiques au confluent de quatre cours d'eau (Tarn, Tarnon, Vibron et Mimente) et au contact du causse Méjean, des Cévennes et du mont Lozère, à l'entrée des **gorges du Tarn★★★**. C'est beaucoup pour un seul village, qui est en plus le siège du **Parc national des Cévennes**, où se retrouvent les amateurs de nature.

DÉJEUNER À FLORAC

Chez les Paysans, petit restaurant tenu par l'équipe de la Ferme des Cévennes (excellent point de chute pour la nuit), on arrange les produits de la ferme en une copieuse et délicieuse assiette.
3 bis r. Théophile-Roussel - www.lafermedescevennes.com - €€.

Alors-là, délice suprême (sauf 15 juillet-15 août où le Tarn prend une couleur malabar tellement les kayaks pullulent). De **La Malène**, sautez sur une embarcation et laissez-vous filer. Passez sous l'arche gauche du pont de La Malène pour ramer dans les « ratchs » et, en cas de chaleur, profitez des ombres portées par la végétation dense. Vous vous sentirez de plus en plus petit au pied des parois rocheuses qui grandissent au-dessus des grottes **(grotte de la Momie)** dont les yeux noirs vous surveillent au passage. Et c'est le **passage des Détroits★★** : encore un ou deux ratchs, le cours s'amincit et se faufile au fond d'un gouffre imposant, portant le bleu du ciel plus loin que jamais. La falaise étage ses gradins jusqu'à plus de 400m au-dessus du Tarn. Par endroits l'eau se fait plus bleue, des cavités au fond du lit vous invitent à vous laisser glisser dans la fraîcheur de l'onde.

DÎNER ET NUIT À MAS-SAINT-CHÉLY

Pourquoi pas chez... Catherine et Gilles, éleveurs de brebis laitières en bio, qui vous accueilleront dans leur ferme nichée dans ce hameau traditionnel fait d'anciennes bâtisses. Table d'hôtes à la cuisine familiale. **Pourquoi pas chez nous ?** *Vergely - www.caussetoujourscheznous.fr - €*

Une fois n'est pas coutume, on vous propose de tourner la page et de continuer votre périple avec l'itinéraire suivant. Eh oui, les deux parcours s'emboîtent (retour à Florac pour le nouveau départ) et vous permettent de continuer à profiter de ce magnifique coin de France.

ADRESSE

Beaucoup de balades à entreprendre autour de la corniche des Cévennes.
www.cevennes-gorges-du-tarn.com

À VOIR AUSSI

Au Pompidou, ne négligez pas la petite **église romane St-Flour**.

ALTERNATIVE

Pas mal de partir le matin pour les gorges du Tarn en kayak (meilleur moment pour la lumière). Vous trouverez de quoi acheter de bons sandwiches à **La Malène**.
Le Fournil malénais - www.galetsdutarn.com

DESCENTE DES GORGES EN BARQUE

Et si on allait voir plus loin

Notre sélection de sites, adresses, expériences nature en dehors de l'itinéraire

GROTTE DES DEMOISELLES

Pour explorer cette **grotte★★★**, préparez-vous à monter plutôt qu'à descendre ! Heureusement, un funiculaire vous épargne l'effort. Dès l'entrée, les concrétions impressionnent par leur taille et leur abondance. Après quelques couloirs étroits, vous arrivez à la partie centrale : une immense salle avec des colonnes géantes, un silence à couper le souffle et une brume mystérieuse. On dirait une « **cathédrale** » naturelle ! En sortant, le sentier offre une vue splendide sur le fleuve Hérault, et la route serpente dans un canyon vertigineux. *www.demoiselles.com*

GORGES DE L'HÉRAULT

L'Hérault creuse, au fond de la vallée, un canyon dans lequel il coule étroitement encaissé. Dominées par des versants escarpés, ces **gorges★★**, assez évasées jusqu'à St-Guilhem-le-Désert, se rétrécissent de plus en plus jusqu'au pont du Diable. Çà et là, une petite terrasse soutenue par un mur, quelques pans de vigne, un petit pré ou des oliviers accrochés au-dessus du fleuve représentent les seules cultures. Afin de découvrir la beauté sauvage de ce site, embarquez à bord d'un canoë ou d'un kayak pour une descente plus ou moins sportive. *canoe-kayapuna.com* ou *www.canoe-rapido.com*

CIRQUE ET GROTTE DE LABEIL

Le cirque de Labeil offre une belle vue (de l'entrée de la grotte, à 500 m au-dessus de Labeil) sur la vallée de Lauroux. Le parcours suit sur 300 m le lit d'une rivière souterraine. La grotte ,très humide, servait autrefois de cave à roquefort. Pour les spéléologues en herbe, un safari familial *(2h)*, avec casque, lampe frontale et plan, permet d'explorer la grotte en autonomie en suivant un jeu de piste. *Prévoyez des baskets, des vêtements à manches longues et du rechange. www.grotte-de-labeil.com*

MONS-LA-TRIVALLE

Gorges d'Héric★★

Un chemin suit les gorges jusqu'au hameau d'Héric. On longe d'abord le torrent bouillonnant entre les hauts rochers, dégringolant en cascatelles et se calmant dans les piscines, dont la plus large est le **gouffre du Cerisier**. Plus loin à droite s'ouvre le majestueux **cirque de Farrières**, surmonté par des aiguilles rocheuses. Après avoir longé les pentes du **mont Caroux★★** qui s'élève sur la droite, on atteint **Héric**, hameau aux toits de lauzes. *Laissez la voiture à l'entrée des gorges. 9 km - 3h AR - 315 m de dénivelé - www.herault-tourisme.com*

CIRQUE DE MOURÈZE

Quel magnifique spectacle de la nature, creusé avec puissance au flanc de la montagne de Liausson ! Le **cirque de Mourèze★★** apparaît comme un large amphithéâtre de 340 ha que dessine un vaste chaos de rochers dolomitiques aux grandes dénivellations, limité au sud par le vallon verdoyant de la petite Dourbie. En empruntant l'un des 2 **sentiers balisés** *(3 km - 8 km)*, on rencontre sans transition des coins frais et verdoyants, à côté de rocs auxquels l'érosion a donné les formes les plus étranges. L'aspect insolite de ces rochers ruiniformes est surtout impressionnant en début et en fin de journée. *Départ du parking situé face au parc des Courtinals. Prévoyez des chaussures de marche, ainsi que chapeau, crème solaire et eau.*

NAVACELLES

Cirque de Navacelles★★★

C'est le site le plus prestigieux de la vallée de la Vis, entre les causses de Blandas (Gard) et du Larzac (Hérault). Il se présente comme un immense et magnifique méandre, profondément encaissé, aux parois presque verticales. À l'origine, la Vis enserrait un petit promontoire qu'elle a abandonné là où s'est posé le hameau de **Navacelles**. Depuis, le fond de la vallée reste toujours humide et verdoyant. L'été, il est possible de se baigner dans les criques du cirque ainsi que dans la Vis. *www.cirquenavacelles.com*

CIRQUE DE NAVACELLES

PEYRELEAU

Causse Noir★★

On a peine à le croire aujourd'hui, mais d'épaisses forêts de pins couvraient jadis le causse de leur ombre. D'où son nom. Même si c'est le moins étendu des Grands Causses, il sait se distinguer par la puissance des paysages qui l'entourent – les gorges de la Jonte et la vallée de la Dourbie – et la beauté inégalée des chaos de rochers ruiniformes qu'il abrite. **Peyreleau** occupe une position stratégique pour partir en randonnée (nombreux itinéraires). *www.cevennes-gorges-du-tarn.com*

PONT-DU-TARN

Mont Lozère★★

Point de ralliement des amateurs de randonnée, ce puissant massif granitique dresse sa masse dans le paysage cévenol. Entre **Florac**, **Mende★**, Villefort et **Génolhac**, il est le symbole du département auquel il a donné son nom. Le mont Lozère culmine à 1 699 m au **sommet de Finiels (vue★★)**. On y rencontre un paysage de landes d'où surgissent quelques chaos de granite. Pour découvrir la région au pas, les randonneurs peuvent parcourir les 242 km de la **voie Régordane** (GR 700).
www.cevennes-montlozere.com
www.chemin-regordane.fr

ST-ANDRÉ-DE-VÉZINES

Chaos de Roquesaltes et du Rajol★

Un chemin de terre, qui descend à travers les pins sylvestres et les genévriers, conduit à la **ferme de Roquesaltes**, d'où on suit le GR 62 à gauche en direction de Montméjean. Des remparts que forme le **chaos de Roquesaltes**, la vue porte sur Montpellier-le-Vieux. Ces « roches hautes », véritable donjon naturel haut d'une cinquantaine de mètres, dominent le hameau du même nom. En poursuivant à pied vers le sud (par le GR 62 en suivant les signes rouge et blanc), on atteint le **chaos du Rajol**. D'un belvédère naturel, la vue plonge dans l'extraordinaire vallée de la Dourbie. *À St-André-de-Vézines, empruntez la route de Roquesaltes. Au croisement avec un chemin de terre, laissez la voiture et suivez le fléchage à droite. Comptez 2h - difficulté moyenne.*

ST-GUILHEM-LE-DÉSERT

Dans une vallée du bout du monde, au confluent du Verdus et de l'Hérault, se cache un joyau de pierres blondes : c'est **St-Guilhem-le-Désert★★**, village resserré autour d'une ancienne abbaye et niché au pied d'impressionnantes falaises calcaires. La cité légendaire, qui porte le nom de son patron fondateur, a conservé son identité médiévale avec une authenticité rare.

LES GORGES DU TARN VUES DU POINT SUBLIME

Grotte de Clamouse★★

La grotte est un véritable trésor de cristaux. Imaginez des aragonites et calcites qui brillent comme des étoiles dans une nuit obscure, grâce à leurs cristallisations de carbonate de calcium. Le clou du spectacle ce sont les « jeunes » concrétions d'une blancheur éclatante, qui volent la vedette aux plus anciennes. Le **Couloir blanc★★** et la **salle des Excentriques★★** offrent un show de cristaux d'aragonite, surnommés lait de lune, et de délicates perles des cavernes. Ne manquez pas la **Méduse**, une formation translucide qui ressemble à une œuvre d'art moderne. Et pour finir en beauté, un spectacle son et lumière vous attend. Les plus audacieux pourront découvrir la grotte autrement grâce à un parcours ludique *(2h)* avec tyroliennes et ponts de singe, ponctué d'explications géologiques. *www.clamouse.com*

SÈTE

Forêt domaniale des Pierres Blanches

« Île singulière » réunie à la terre par deux étroites langues de sable, **Sète★** se glisse au pied de la colline calcaire du mont St-Clair, entre l'étang de Thau et la Méditerranée. Port de pêche, de plaisance et de commerce, la ville est bercée par les rêves de destinations lointaines, ponctués de sirènes de bateau.En plein cœur de la ville, la **forêt des Pierres Blanches**, balisée de sentiers, est un agréable lieu de flânerie. De la table d'orientation, ample **vue★** sur la partie ouest du bassin de Thau, la basse plaine de l'Hérault, la pleine mer, la Corniche, la plage.

ITINÉRAIRE 13 - AVEYRON & TARN

4 JOURS - 316 KM

FLORAC > MEYRUEIS > LE ROZIER > MONTPELLIER-LE-VIEUX > MILLAU > CREISSELS > RODEZ > BOZOULS > CONQUES

Quand l'eau creuse
son chemin,
elle laisse
des traces

PARTICULARITÉS NATURELLES
Vous allez le comprendre, les grands cours d'eau (Lot, Tarn, Aveyron) – et les plus petits aussi – se fraient un chemin dans le relief, dessinant de nombreux méandres. C'est toute la beauté de ces plateaux calcaires, les causses, qui sont criblés de phénomènes karstiques, c'est-à-dire de dépressions, gouffres (les avens), chaos et autres grottes aux concrétions étonnantes.

1re Étape

DÉPART DE FLORAC

Mettez-vous dans l'ambiance des nombreuses gorges et causses de la région. Tout près de **Florac**, le parcours de **Roc du Serre**★★ vous mène rapidement en surplomb du canyon resserré entre les causses de Sauveterre et Méjean. Vous voyez les routes en lacets montant sur le causse ? Eh bien, vous allez emprunter cette route, la spectaculaire D 16, qui vous conduira à l'**aven Armand**★★★. Si la grotte est classée au Patrimoine mondial de l'Unesco depuis 2011, c'est parce que le spectacle est inoubliable… surtout si vous choisissez de descendre dans le gouffre en rappel, comme les premiers explorateurs ! La **« Forêt Vierge »** abrite d'éblouissantes concrétions, dont une immense stalagmite de 30 m de hauteur. *www.aven-armand.com* - €.

DÉJEUNER À MEYRUEIS

Des souterrains aux cimes… Déjeunez à l'**Hôtel du mont Aigoual**. Le décor est agréable et la cuisine gourmande vous initiera aux plaisirs des saveurs cévénoles.
34 quai de la Barrière - www.hotel-mont-aigoual.fr - €€.

Vous êtes à l'endroit idéal pour parcourir la route qui descend les **gorges de la Jonte**★★. En aval de Meyrueis et en direction de Rozier, le canyon devient de plus en plus impressionnant au fur et à mesure que vous vous approchez du confluent avec le Tarn. Quelques grottes trouent la falaise du causse Méjean, notamment la grotte de la Vigne et la grotte de la Chèvre. Savez-vous quel autre animal que la chèvre peuple la région ? Les vautours ! Sales bêtes, direz-vous peut-être ! Bravez vos appréhensions, vous verrez que l'exposition de la **Maison des vautours** vous fera changer d'avis ! Le poste d'observation possède de grandes lunettes et retransmet aussi en direct sur grand écran le vol de ces oiseaux. *1 km en aval du Truel - www.maisondesvautours.fr*

RAPACES
Les vautours qui planent, portés par les vents, au-dessus des gorges, ont été réintroduits et protégés pour pallier leur disparition signalée dans les années 1940.

DÎNER ET NUIT AU ROZIER

Régalez-vous d'une sublime vue sur la Jonte et le village de Peyreleau en arrière-plan. Si le panorama est certes des plus plaisants, le vrai régal reste bien sûr la cuisine traditionnelle revisitée et vraiment goûteuse au restaurant **L'Alicanta** ☺. L'hôtel, tout simple, suffira à votre bonheur. **Hôtel Doussière** - *www.hotel-restaurant-gorgesdutarn.com* - €€.

2e Étape

DÉPART DU ROZIER

Après l'eau fraîche, le rocher impitoyable. Comme Bourvil et Louis de Funès errants sous leurs casques brinquebalants dans *La Grande Vadrouille* (1966), on se perd volontiers dans le dédale ruiniforme de la **cité de Pierres de Montpellier-le-Vieux**★★★. Ombragé de pins sylvestres et de chênes, ce vaste ensemble de sculptures naturelles est dû à l'érosion et au ruissellement des eaux de pluie sur la roche dolomitique du causse Noir. Bien sûr chacun voit son cousin dans la fantaisie de la pierre. Vous marcherez donc entre la Quille, le Crocodile, le Sphinx ou la Tête d'Ours en traversant ce chaos minéral, dont il émane le charme mystérieux des cités perdues. Pour prendre la mesure du phénomène, grimpez sur la plate-forme du **Douminal** qui commande quatre cirques irréguliers (le Lac, les Amats, les Rouquettes, la Millière) séparés par de hautes crêtes rocheuses. Du **Rempart** (alt. 830 m), la vue d'ensemble est impressionnante. La descente vers le cirque des Amats conduit à la **porte de Mycènes**, une arche naturelle de 12 m de hauteur. Des pins aventuriers ont été se planter tout en haut de cette porte gigantesque. Et le fou rire vous gagne en repensant aux deux lascars du film de Gérard Oury traînés par la laisse de leurs énormes bergers allemands, l'autre main sur le casque qui leur tombe sur les yeux. *www.lacitedepierres.com*

À VOIR AUSSI

Via ferrata de la cité de Pierres★★★

Sanglez vos baudriers, ajustez vos casques, le cœur un peu battant, car cinq tyroliennes impressionnantes vous attendent, dont une de 200 m de long. En plein cœur du causse Noir, cette via ferrata offre un parcours unique, d'abord souterrain, puis aérien, jusqu'à 830 m d'altitude. Sensations fortes à l'horizon ! *Le Maubert - www.lacitedepierres.com*

DÉJEUNER À MILLAU

La Mangeoire propose des spécialités locales : jambon de porcelet grillé au feu de bois, aligot et, pour terminer, la flaune, le célèbre dessert local à base de petit-lait de brebis et de fleur d'oranger !

8-10 bd de la Capelle - www.restaurantmillau.com - €€.

Millau★ est toute proche… et surtout son célébrissime **viaduc★★★**. Impossible de manquer ce formidable ouvrage d'art qui s'intègre au paysage des causses du Larzac et de Sauveterre au-dessus du Tarn. Et si vous rêviez de vivre des sensations fortes au cœur de splendides paysages, Millau est idéale ! Foncez donc sur l'occasion : parapente, escalade, canyoning, canoë, rafting, saut à l'élastique et même spéléologie, trouvez l'activité qui fera battre votre cœur – au sens figuré, mais aussi un peu au sens propre, avouons-le ! *www.roc-et-canyon.com*

ADRESSE

Millau n'est pas renommée que pour son viaduc ! Depuis le 12e s., c'est un centre unique du travail de la peau, et notamment du gant d'agneau. La tradition est perpétuée dans un petit atelier-boutique, l'**Atelier du gantier,** au cœur de ville. *21 r. Droite - www.atelierdugantier.fr*

MONTPELLIER-LE-VIEUX
LA CHAISE DU DIABLE

ALTERNATIVE

Au **Diapason**, l'éveil des sens est total. Vous serez d'abord séduit par la décoration originale de l'ancienne étable devenue restaurant... Puis vos papilles seront émoustillées par les copieux plats de la cuisine régionale : tarte au roquefort, souris d'agneau braisée, porc de l'Aveyron ou encore aligot d'Aubrac. *18 r. du Portalou - Creissels - www.restaurantdiapason.com - €€.*

À VOIR AUSSI

Les **lacs du Lévezou★**, des lacs de retenues, ont trouvé leur place dans ces paysages verdoyants. Le **lac de Pareloup★**, notamment, ressemble à une petite mer intérieure, avec ses presqu'îles et ses plages. Une pause revigorante ! *www.tourisme-aveyron.com/fr/decouvrir/les-territoires-aveyron/pareloup-levezou.*

ALTERNATIVE

Si vous le pouvez, réservez la cabane perchée du **château de Labro**. Après avoir dégusté la cuisine authentique et gourmande du restaurant **Le Clos**, installez-vous dans la cabane du chêne centenaire. Le coucher de soleil n'aura d'égal que le ciel étoilé, qui brillera longtemps dans votre mémoire... *Labro - 5,3 km à l'est de Rodez - www.chateaulabro.fr - €€€€.*

DÎNER ET NUIT À CREISSELS

Après ces vives émotions, détendez-vous au **Château de Creissels**. Que vous dîniez sur l'ancien chemin de ronde transformé en terrasse panoramique ou sous les belles voûtes de pierre de la salle principale, la cuisine régionale est une invitation gourmande... Les chambres sont aménagées dans le château du 12e s. ou dans son extension de 1971 : alors, charme de l'ancien ou sobriété plus moderne ? *Pl. du Prieur - www.chateau-de-creissels.com - €€€.*

3e Étape

DÉPART DE CREISSELS

Vous l'avez admiré la veille, vous passez maintenant dessous, mais vous le reverrez bientôt : vous l'avez deviné, on parle bien du viaduc de Millau ! Faites halte au pittoresque village de **Peyre★**, où nichent chauves-souris et corbeaux, puis pursuivez jusqu'aux **cascade des Baumes**, là où, pour rejoindre le Tarn, le Lévejac se jette du haut d'une falaise de 18 m. Continuez jusqu'au niveau de **Montjaux**. Grimpez alors le sentier jusqu'au site de l'ancien château et vous jouirez d'un magnifique panorama sur les monts environnants, et le viaduc de Millau, évidemment !

DÉJEUNER À RODEZ

Au musée Soulages, le **Café Bras** est un incontournable. Véritable invitation au voyage, les produits aveyronnais sont mis en valeur et sublimés par la cuisine aromatique, généreuse, colorée et parfumée de Michel Bras qui a laissé à son fils les rênes de son 2 étoiles à Laguiole. Un conseil : réservez ! À moins que vous ne souhaitiez déguster les capucins (galette en forme de cône, cuisinée à partir de farine de sarrasin et de seigle), **côté Comptoir**, pour flâner dans la ville, votre galette garnie à la main !
Av. Victor-Hugo - Jardin du Foirail - www.cafebras.fr - €€.

Il est vrai que la ville de **Rodez★★** a beaucoup à offrir : on admire sa **cathédrale★★** aux pierres rouges, ses rues anciennes animées, son merveilleux **musée Fenaille★★**, mais on vient aussi arpenter la ville de Pierre Soulages et admirer ses oeuvres dans le **musée** ★★ qui porte son nom. Plouf, plouf, choisissez l'un des deux musées et vous visiterez le second le lendemain ! Cela vous laissera ainsi le temps de profiter aussi de la situation particulière de la ville, perchée sur une butte à 120 m au-dessus du lit de l'Aveyron, pour admirer **l'une des plus belles vues sur la région**, des plateaux secs des Causses aux collines humides du Ségala. Un rappel que la nature n'est jamais loin...

DÎNER ET NUIT À RODEZ

Elle est même toute proche, la nature, juste dans votre assiette ! Au **Restaurant Hervé Busset**✿, le chef étoilé continue de se présenter comme un cuisinier cueilleur : consoude, tagète, épiaire des bois, reines-des-prés et fleurs de capucines assaisonnent les mets avec harmonie

et finesse tout au long d'un menu surprise.
24 place du Bourg - www.restaurant-herve-busset.fr - €€€€.
Après un tel repas, posez votre tête sur les oreillers de l'**hôtel Mercure Cathédrale**. Vous le reconnaîtrez à ses mosaïques Art déco en façade.
1 av. Victor-Hugo - www.all.accor.com - €€.

4e Étape

DÉPART DE RODEZ

C'est le moment de conclure votre séjour à Rodez : présentez votre billet d'entrée au deuxième musée, vous ne le regretterez pas ! Cap ensuite sur **Bozouls★**. Vous l'aurez remarqué, en Aveyron, l'eau, et en particulier les rivières, jouent des tours aux roches et aux pierres. Le **Trou de Bozouls★** en est une preuve supplémentaire s'il le faut : un canyon de 400 m de diamètre et plus de 100 m de profondeur, creusé par le Dourdou dans le causse Comtal. Depuis la place de la Mairie, on peut admirer sa forme de fer à cheval où s'est établi le bourg...

DÉJEUNER À BOZOULS

Au **Belvédère**, la vue sur le « trou » est évidemment imprenable. Le chef, qui se destinait à une carrière scientifique, a bifurqué vers la cuisine... et on ne peut que s'en réjouir ! Guillaume et Christine Viala nourrissent une passion contagieuse pour l'agriculture paysanne traditionnelle et les vins d'auteurs. Si les menus changent au fil des saisons, la qualité est toujours au rendez-vous. *11 route du Maquis-Jean-Pierre - www.belvedere-bozouls.com - €€€€.*

Dans votre voyage au cœur de la région des causses, le Lot manquait à l'appel. Eh bien, il vous attend, d'Espalion à Entraygues-sur-Truyère, en passant par le **barrage de Golinhac**. La nature offre encore une fois un spectacle pittoresque : gorges serrées, crêtes rocheuses, silhouettes de pierre déchiquetées ou massives, bois pentus... Alors, la **vallée du Lot★★** prendra-t-elle la première place à vos yeux ? Savez-vous ce qui ne laissera pas de marbre même les cœurs de pierre : le calcaire jaune remarquablement taillé du tympan de l'**abbatiale Ste-Foy★★★**, à **Conques★★★**. Filez donc dans la petite bourgade aux pentes escarpées des gorges de l'Ouche pour la fin de journée.

DÎNER ET NUIT À CONQUES

Cachet rustique et terrasses bucoliques pour cette dernière soirée à l'**hôtel Ste-Foy**. Située en face de l'abbatiale, cette demeure du 17e s. s'est associée au restaurant **Charlemagne**, juste à côté, qui concocte de très bons plats garnis. L'occasion de vous faire plaisir avec ces spécialités régionales. *R. Gonzague-Florens - www.hotelsaintefoy.fr - €€.*

ALTERNATIVE

La médaille d'argent est attribuée à... **La Route d'argent** ! Pour son feuilleté aux asperges, son ris d'agneau ou encore son filet de bar sauvage au beurre. Le menu se construit autour des arrivages du marché. Qu'aurez-vous la chance de déguster ? *1 rte de Gabriac - www.laroutedargent.com - €€.*

À VOIR AUSSI

LES NOCTURNES DE CONQUES

À 21 h, de mai à octobre, un frère de la communauté religieuse présente le tympan. À 21h30, des jeux d'orgues et de lumière animent l'abbatiale, avec la découverte de la galerie haute, les tribunes, plaçant le spectateur au plus près des vitraux et des chapiteaux. Enfin, de 22h15 à 22h45, le Jugement dernier sculpté sur le tympan de l'abbatiale retrouve sa polychromie le temps d'une mise en lumière. Moments privilégiés pour apprécier la beauté et la richesse de cet ensemble roman du 12e s.

Et si on allait voir plus loin

Notre sélection de sites, adresses, expériences nature en dehors de l'itinéraire

ALBI

Les berges du Tarn★★

Suivez le sentier de l'Échappée verte qui constitue une belle promenade en milieu naturel préservé, le long du Tarn et du Caussels (sur le GR 36). Les berges du Tarn, aménagées, vous feront découvrir de superbes **vues★★** sur la ville et les anciennes fortifications. La promenade est un moment de tranquillité, à l'écart du centre urbain. *4 km.*

AUBIN

Musée de la Mine Lucien-Mazars

Plongez dans l'univers minier du bassin houiller d'Aubin-Decazeville. Au cœur du Pays noir s'est installé le musée de la Mine Lucien-Mazars. Pour frémir, allez assister à la simulation réaliste d'un coup de grisou ! *Allée du Musée - Aubin - www.museedelamine-lucienmazars.fr*

CANTOIN

La Ferme au doux Mohair d'Aubrac

Bienvenue dans la famille de chèvres angoras de Cécile. Ces animaux donnent leur toison toute douce pour fabriquer la laine mohair. Partez à la rencontre des chèvres dans leur pâturage ou directement à la ferme. Qui sait, vous repartirez peut-être avec un objet tout doux ! Au mois de juillet a lieu la fête de la tonte, un spectacle unique ! *Le bourg - 41 km au nord d'Aubrac - www.ferme-mohair-aubrac.fr*

CAUSSE NOIR

Chaos de Roquesaltes et du Rajol★

Le chemin de terre descend à travers les pins sylvestres et les genévriers. Parmi les rochers fantastiques, un dromadaire, le menton délicatement appuyé sur un rocher, la Colonne égyptienne, la Statue sans bras... D'un belvédère naturel, la vue plonge dans l'extraordinaire vallée de la Dourbie. *2 h - difficulté moyenne*

Grotte de Dargilan★★

On pénètre dans la grotte par son entrée naturelle et on accède directement à la grande salle du Chaos. Plusieurs autres salles de concrétions et de cours d'eau peu profonds ponctuent la visite de cette grotte, la plus grande des Causses et Cévennes, classée au patrimoine mondial de l'Unesco. *Meyrueis - visite guidé (1 h 15) - www.grotte-dargilan-48.com*

FLORESSAS

Château de Chambert

Suivez le troupeau de vaches des Highlands de cette propriété : entre les vignes (automne-hiver) et dans les prairies du domaine (printemps-été) où l'on travaille le vignoble (65 ha) en biodynamie. Outre ses vins, la maison commercialise le rogomme, boisson apéritive à base de raisin malbec chauffé en marmite et d'eau-de-vie de raisin. De belles dégustations se profilent... *Philippe Lejeune - Les Hauts Coteaux - www.chambert.com*

LES ARQUES

Espace naturel sensible de la vallée de la Masse

Ce sentier passionnant (balisage jaune), qui allie écologie, agriculture et histoire, longe la vallée de la Masse et les marais. Leur richesse biologique est soutenue par l'entretien assuré par des chevaux. Il est facile de voir (et entendre) libellules, grenouilles, oiseaux... *Départ en face du musée Zadkine - 2 h - 4,7 km.*

MAS DE PÉGOURDY

Plage aux ptérosaures de Crayssac★

Il y a 150 millions d'années, des reptiles volants se posaient sur cette plage. Leurs empreintes fossilisées apparaissent dans la lumière rasante des spots. En découvrirez-vous de nouvelles en compagnie de votre guide ? *www.plageauxpterosaures.fr - en visite guidée (1 h 15) uniquement - sur réserv.*

NANT

Les gorges de la Dourbie

Le Tarn n'est pas le seul à avoir creusé les roches. La Dourbie a sculpté des paysages tout aussi spectaculaires. Longez son canyon depuis les routes sinueuses, parfois vertigineuses, qui offrent des vues sur la rivière à truites et les villages de pierres sèches, perchés à flanc de coteau.

PADIÈS

Ferme de Peyrouse

Sautez dans le tracteur-remorque et c'est parti ! Visitez cette exploitation bio, au plus près des animaux, jusque dans le poulailler. Rien de tel pour découvrir le quotidien des éleveurs et agriculteurs. La visite se termine à la boutique de produits locaux. Ou bien à l'auberge-restaurant de la ferme pour les gourmands ! *Lieu-dit Peyrouse 18 km au nord d'Ambialet - www.fermedepeyrouse.fr*

PADIRAC

Gouffre de Padirac★★

Voguez dans un monde à part, celui des « réseaux noyés » du gouffre de Padirac. Une promenade féerique sur cette rivière aux eaux étonnamment limpides où les guides se transforment pendant cette traversée souterraine en gondoliers vénitiens.

www.gouffre-de-padirac.com

PARC NATUREL RÉGIONAL DU HAUT-LANGUEDOC

Sidobre★

Le massif du Sidobre est un ensemble de curieux paysages de roches granitiques sculptées en boules par l'érosion. Le **rocher tremblant de Sept-Faux** est surprenant. On trouve aussi une impressionnante concentration de rochers de granit aux formes variées tels que les Rocs de Crémaussel, entre les hameaux de la Fusarié et de Crémaussel. Le sentier des merveilles n'a jamais si bien porté son nom !

Sentier des merveilles - dép. parking lieu-dit Crémaussel - 2,75 km - 1 h 30 (facile).

QUERCY BLANC

Grottes du Pech Merle★★★

Dans un environnement boisé et sauvage, au bout d'une jolie route qui s'élève en lacets, le site paléolithique gît à une centaine de mètres au-dessus des rivières. À la beauté du monde souterrain s'ajoute l'intérêt des traces humaines dont les plus anciennes remontent à près de 30 000 ans. Une visite troublante et percutante. Pensez, dans la galerie du Combel, à observer l'immense racine d'un chêne qui cherche l'humidité à la surface... La vue de l'arbre quand vous serez de nouveau en surface aura une autre saveur !

www.pechmerle.com - visite guidée (1 h)

ROCAMADOUR

Rocher des Aigles★

Tout près des remparts de Rocamadour, assistez à une étonnante démonstration de vol de rapaces dressés dans ce centre d'élevage et de reproduction de rapaces diurnes et nocturnes, dont certaines espèces sont menacées de disparition.

Rte du Château - www.rocherdesaigles.com

ROUGIER DE CAMARÈS

Bienvenue sur la planète Mars : c'est un peu l'effet que produit cette formation géologique antédiluvienne. Le fer contenu dans la roche et la terre s'est oxydé, transformant le paysage de son rouge profond.

Si vous avez votre VTT, c'est l'endroit idéal.

ST-LÉONS

Micropolis, la cité des insectes★

Tout, tout, tout, vous saurez tout sur les insectes : les fourmis, les abeilles, les phasmes, les scorpions, les mygales... Les animations rendent le lieu très vivant. Dans le parc, vous vous sentirez aussi minuscule que ces petites bêtes devant les mantes, papillons et cigales de métal géants.

Le bourg - www.micropolis-aveyron.com

VALLÉE DE LA DORDOGNE

Grottes de Lacave★★

Un palais englouti : voilà comment l'on pourrait qualifier les salles féeriques de ces grottes, ses eaux immobiles aux mille reflets, troublées parfois par une goutte d'eau pure glissant d'une stalactite, ses jeux de lumière et de miroir dans la **salle des Merveilles★**...

www.vert-marine.com/grottesdelacave

ROCAMADOUR

ITINÉRAIRE 14 - ARDÈCHE & DRÔME

3 JOURS - 239 KM

AUBENAS > LES VANS > BANNE >
VALLON-PONT-D'ARC > BIDON > SAINT-THOMÉ

À l'assaut des grottes et des gorges

PONT-EN-ROYANS

1re Étape

DÉPART D'AUBENAS

Aubenas, c'est la porte principale de la vallée de l'Ardèche. Perché sur son éperon rocheux, vous dominez avec elle l'Ardèche ! Après un petit tour dans la vieille ville avec son **château★** (et ses boutiques de marrons glacés et de saucissons de pays, évidemment), cap sur **Thines★★**. La visite de ce charmant site juché au-dessus du torrent se mérite : il vous faudra remonter sur 600 m le ravin de Thines, par un chemin sous bois, pour déambuler ensuite entre ses vieilles maisons accrochées au rocher et ses ruelles enchevêtrées dans un décor de terres schisteuses. Vous verrez que le **centre ancien des Vans★** est bien différent, mais tout aussi chaleureux, égayé de fontaines et de belles maisons de caractère.

DÉJEUNER AUX VANS

Prenez des forces en prévision de l'après-midi sportive qui vous attend. Quoi de mieux que l'incontournable du coin : l'**Olivier de Païolive** ? L'ambiance est familiale, la belle bâtisse en pierre au cœur d'un jardin est ravissante et, surtout, la cuisine, classique, est exécutée avec soin. Une bonne adresse pour les gourmands et les gourmets !
5115 rte de Paiolive - f - €€.

Harnachez vos gilets de sauvetage et attrapez votre pagaie. Prêt ? C'est parti pour descendre les **gorges du Chassezac★★** ! De votre point de vue privilégié au milieu de l'eau, vous pourrez véritablement prendre la mesure de cette profonde entaille creusée par la rivière… Et ce mode de transport particulier vous permettra surtout d'accéder aux plages et plongeoirs naturels au gré de vos envies, pour vivre une après-midi d'exception. *Compagnie de canoë du Chassezac - La Molette - Les Assions - www.location-canoe-ardeche-chassezac.com*

DÎNER ET NUIT À BANNE

Pour vous ressourcer après cet après-midi riche en émotions et reposer vos bras courbaturés, optez pour le cadre naturel du village de caractère de Banne. À l'**Auberge de Banne**, les assiettes sont garnies d'une savoureuse cuisine ardéchoise, franche et bien troussée ! Si le restaurant s'affiche dans un style de bistrot d'antan, les chambres sont modernes et très agréables. Piscine, petit-déjeuner, galerie d'art et boutique, ce lieu est un vrai bonheur !
Pl. du Fort - Banne - www.aubergedebanne.fr - €€€.

ADRESSE

Fondée en 1901, **La Table Gourmande** est une institution à Aubenas. Toutes les spécialités régionales y sont proposées, des marrons glacés et des saucissons de pays aux différentes eaux-de-vie, liqueurs de châtaigne et petits vins fruités de l'Ardèche. À ne pas manquer ! *16 r. de Bernardy - www.tablegourmande.ardeche.com*

À VOIR AUSSI

Si vous préférez garder les pieds sur terre, le sentier balisé de la **corniche du Chassezac★★** constitue une très belle option pour découvrir la grandiose tranchée du Chassezac depuis le bord des grandes falaises. *Parking de Lestong - 1h30 AR.*

2e Étape

DÉPART DE BANNE

Ce matin, pas de gilet de sauvetage mais un gilet en laine est de rigueur pour plonger dans le réseau de salles souterrain d'un des plus célèbres gouffres de France : l'**aven d'Orgnac★★★**. Un guide vous conte les histoires et anecdotes scientifiques de ces cavités et concrétions. Le clou du spectacle : le **son et lumière★★** de la grotte du Grand Théâtre ! La **Cité de la préhistoire**, à la fois pôle de conservation et centre de recherches actif, est installée non loin : le lieu idéal pour déconstruire toutes vos idées reçues sur notre ancêtre, l'homme des cavernes. *2240 rte de l'Aven - www.orgnac.com*

DÉJEUNER À VALLON-PONT-D'ARC

Retour au présent dans la salle voûtée en pierre apparente du **Domaine des Dames**. Les plats régionaux sont parfois agrémentés d'une pointe d'inventivité : tartare de canard aux épices thaïes, burger du domaine au fromage doux ou encore faisselle ardéchoise aux myrtilles... Une agréable surprise pour votre palais ! *316 rte de la Roubine – quartier Le Colombier - www.ledomainedesdames.com - €€€.*

Cet après-midi, mettez à profit les connaissances acquises le matin même... dont certaines sont d'ailleurs issues des recherches menées dans ce lieu ! Il s'agit bien sûr de la **grotte Chauvet 2 -Ardèche★★★**, une reconstitution de la grotte où a été découverte la première manifestation artistique d'envergure connue à ce jour dans le monde, d'une extraordinaire richesse. « Après l'émotion, l'explication ! » dit-on ici, suggérant de visiter d'abord la Grotte Chauvet 2 - Ardèche puis la **galerie de l'Aurignacien** (centre de découverte). L'exposition permet une véritable immersion dans l'Ardèche d'il y a 36 000 ans et dans l'art pariétal. Une tout autre façon d'aborder l'ère préhistorique pour compléter votre visite de la matinée.

DÎNER ET NUIT À VALLON-PONT-D'ARC

Envie de vous recueillir dans la nature, comme nos ancêtres, après cette journée préhistorique ? Pour autant, pas besoin de chercher votre nourriture en pleine nature, il vous suffit de réserver au restaurant du **Prehistoric Lodge**, où le « Chamane » valorise les produits du terroir. Vous pourrez ensuite passer la nuit dehors, mais tout confort, dans les lodges de l'hôtel. Plantés non loin de l'Ardèche, chacun a été nommé en clin d'œil aux grottes alentour et possède une grande terrasse. Exotisme et intimité garantis ! *Rte des Gorges – www.prehistoric-lodge.com - €€/€€€.*

À VOIR AUSSI

Une initiation à l'œnologie à 50 m sous terre, ça vous tente ? C'est possible depuis que **Neovinum** s'est installé dans l'aven d'Orgnac et propose à la dégustation les crus des Vignerons ardéchois. L'occasion pour les amateurs de donner encore plus de saveur à la visite du site de l'aven. *Le sam. sur réserv. - 2h - www.neovinum.fr*

ALTERNATIVE

Cuisine de haut vol à **L'Espousse**, restaurant gastronomique où le chef propose un menu unique aux saveurs locales. Mention spéciale à la présentation des plats, qui fait saliver avant même de commencer la dégustation ! *4 pl. de la Résistance - Facebook - €€€.*

UNE REPRODUCTION PARFAITE

Afin d'éviter les erreurs de Lascaux, un protocole de préservation a été mis en place. Il n'a donc jamais été question d'ouvrir au public la précieuse grotte Chauvet découverte en 1994. Elle n'en fait pas moins l'objet de recherches menées avec les plus grandes précautions car, si elles livrent des informations aux scientifiques, les fouilles perturbent nécessairement le terrain d'investigation.

À VOIR AUSSI

Évidemment, les gorges de l'Ardèche se vivent aussi en barque ! La **descente des gorges★★★** est une expérience inoubliable : des eaux calmes, quelques battements de cœur au passage du rapide de la Dent Noire, des rapides qui alternent avec de magnifiques plans d'eau... Le **cirque de la Madeleine**, notamment, est l'un des plus beaux passages des gorges.

3e Étape

DÉPART DE VALLON-PONT-D'ARC

Que diriez-vous de repartir sur les routes ? Et pas des moindres : la sublime route panoramique des **gorges de l'Ardèche★★★**. De votre position, à Vallon-Pont-d'Arc, jusqu'à Saint-Martin-d'Ardèche, les belvédères et points de vue ne manquent pas : **Pont-d'Arc★★** et sa plage sous l'impressionnante arche naturelle, le **belvédère du Serre de Tourre★★**, la **Haute Corniche★★★** du **belvédère de la Madeleine★**, la partie la plus spectaculaire du parcours, ou encore le **balcon des Templiers★★**, de la **Maladrerie★★**, le vertigineux **balcon de la Rouvière★★** et enfin le **belvédère du Ranc-Pointu★★** d'où l'on aperçoit stries, marmites, grottes et autres phénomènes dus à l'érosion. Un passage court mais intense au cœur de cette monumentale réserve naturelle.

DÉJEUNER À BIDON

Des paysages naturels splendides et une cuisine gourmande, y a que ça de vrai pour recharger les batteries ! Alors arrêtez-vous à Bidon, à l'auberge **La Farigoule** : un (véritable) bistrot de pays comme l'indique le label qui certifie ses plats maison à partir de produits de la région ! Sur la terrasse à l'ombre des platanes ou face aux vignes, vous voilà installé pour un succulent déjeuner. *Le Village - 21 rte de St-Marcel - www.aubergelafarigoule.com - €.*

Au pays de la lavande, comment rater le **domaine Lavandaïs** ? Située à St-Remèze, la **maison de la Lavande** présente au cours d'une visite guidée le travail et l'histoire de la distillation de cette fleur *(www.lamaisondelalavande.com)*. Non loin, depuis le hameau des Reynouards, une autre halte est tout indiquée : c'est pour observer le curieux profil de la **Dent de Rez★**, sectionné par le col d'Eyrole qui sépare la dent du sommet de Barrès. Préparez ensuite les sprays rafraîchissants : vous allez traverser celle que l'on surnomme le « Val Chaud », la **gorge de la Ste-Baume★** qui, avec sa pierre grise et sa végétation vert foncé, concentre en effet la chaleur. Mais le paysage sauvage vous fera peut-être oublier la température ! Et si vous avez envie de vous dégourdir les jambes, filez au bord du Rhône pour admirer le **défilé de Donzère★★**, marquant l'entrée en Provence !

DU NOUGAT À TOUT-VA À MONTÉLIMAR !

Ce séjour vous emmène tout près de Montélimar, connue pour être la capitale du nougat ! Vous pourrez y goûter le véritable nougat, au miel des Alpes et aux amandes de Gras, dans l'une des nombreuses fabriques artisanales et industrielles de la ville.

DÎNER ET NUIT À SAINT-THOMÉ

Dans un cadre sauvage, aux portes de l'Ardèche méridionale, se trouve **Le Moulinage**. Comme son nom l'indique, on élaborait dans ce bâtiment, réaménagé en chambres d'hôte, le fil de soie au 18e s. Ici, vous pouvez vous baigner toute l'année : en hiver dans l'originale piscine située à l'entresol, en été dans les vasques naturelles du Carme, un véritable jardin d'Éden ! Et vous pouvez aussi déguster une cuisine généreuse et authentique qui évolue au fil des saisons au restaurant **La terrasse des Carmes**.
Chemin des Carmes - St-Thomé - www.le-moulinage.com - €€€.

Et si on allait voir plus loin

Notre sélection de sites, adresses, expériences nature en dehors de l'itinéraire

BUIS-LES-BARONNIES

Vieille ville★

Promenez-vous le mercredi matin dans ce village typiquement provençal, lorsque le marché déploie ses étals aux couleurs parfumées. Entre le 10 juin et le 10 juillet, selon l'altitude, la cueillette du tilleul offre un joli spectacle avec les grandes échelles dressées dans les arbres des Baronnies. *Festival Tilleul en fête déb. juillet.*

CORNICHE DU RHÔNE

SBelvédère du Pic de St-Romain-de-Lerps★★

La route panoramique, en **corniche★★★**, offre d'extraordinaires points de vue. En une vingtaine de minutes depuis l'entrée de la ville, vous arriverez à un **panorama saisissant★★★**. Plus loin, un autre sentier vous portera à un des **sites★★★** les plus grandioses de la vallée du Rhône : les **ruines du château de Crussol★★**. *De Tournon-sur-Rhone à Valence.*

MONTAUBAN-SUR-L'OUVÈZE

Col de Perty★

En quelques minutes à pied, vous jouirez d'un beau panorama sur le bassin de la Durance et des Alpes, et même, par temps clair, sur les Cévennes et le mont Lozère. *-10 mn AR.*

MONT MÉZENC

Gerbier-de-Jonc★★

Littéralement « mont rocheux », Gerbier-de-Jonc est un massif du Mézenc formé de roches phonolithiques d'origine volcanique qui habillent le mont d'une carapace écailleuse. Du sommet, le **panorama★★** est impressionnant. La **vue★★★** depuis le **mont Mézenc★★★** vaut aussi le détour.

PARC NATUREL RÉGIONAL DU VERCORS

Combe Laval★★★

La route s'accroche, vertigineusement taillée dans de formidables parois calcaires depuis le col de la Machine, au-dessus du vallon supérieur du Cholet, que vous dominerez de plus de 600 m. Au fond du cirque tombe la cascade du Cholet, résurgence du Brudour.

Gorges de la Bourne★★★

Entre l'Isère et la Drôme, les **gorges de la Bourne★★★**, entre des bancs de calcaire colorés, d'une épaisseur et d'une homogénéité extraordinaires, donnent à ce parcours un caractère majestueux. **Pont-en-Royans★★**, qui marque l'entrée des gorges, est un charmant village médiéval. Son **musée de l'Eau★★** présente de façon ludique cette ressource précieuse, avec, à la clef, une étonnante dégustation dans le bar à eau ! *Pl. du Breuil - musee-eau.com*

Grotte de Choranche★★

Dans cette grotte, on frissonne... pas tant du froid (même s'il fait 10 °C), mais pour les milliers de **stalactites fistuleuses★★** qui se reflètent dans les eaux du lac et offrent un spectacle vraiment féerique. *2865 rte des Grottes -www.visites-nature-vercors.com - visite guidée (1h).*

PRÉALPES DRÔMOISES

Forêt de Saoû★★

Vous trouverez forcément un sentier qui correspond à votre envie et à votre niveau dans ce somptueux massif rocheux ! Cette cuvette est entourée d'impressionnantes montagnes, dont la **montagne des Trois Becs★**, un incontournable du paysage drômois.

ITINÉRAIRE 15 - ALPES DU NORD

3 JOURS - 219 KM

ANNECY > AIX-LES-BAINS > CHAMBÉRY > LE SAPPEY-EN-CHARTREUSE > GRENOBLE > URIAGE-LES-BAINS

De lacs
en villes
dans un écrin
de hauts sommets

1re Étape

MATINÉE À ANNECY

Dans la région, le **lac d'Annecy★★★** joue évidemment les vedettes. Savourez une promenade sur les **bords du lac★★**, dans le parc Charles Bosson et jusqu'au pont des Amours, qui enjambe le canal du Vassé. Laissez-vous emporter par les charmes du lieu : ici, le joli bras d'eau ombragé où se pressent des barques au bois doré ; là, le ravissant bouquet d'arbres de l'île des Cygnes. Pour autant, la ville n'est pas en reste : chaque édifice du **vieil Annecy★★** raconte un moment d'histoire singulier, du **palais de l'Île★** au **musée-château★** perché sur son rocher, en passant par les arcades de la **rue Ste-Claire★**.

DÉJEUNER À ANNECY

L'animée et vivante Annecy : c'est là que Sandra et Léo ont posé leurs valises après un parcours dans plusieurs belles tables en France et aux États-Unis. Le **Cozna** (« cuisine » en patois savoyard) se veut ancré dans la tradition... Et le jeune couple respecte bien ce credo, vous le constaterez dans vos assiettes ! *22 fg Ste-Claire – www.restaurantcozna.com - €€.*

Marcher au-dessus du vide, au ras d'une paroi rocheuse, jusqu'à un promontoire rocheux des plus saillants... Si cela peut sembler effrayant, le spectacle des **gorges du Fier★★** est tellement enchanteur que vous oublierez vite vos peurs. Les frondaisons couvrant en voûte cette passerelle tamisent les rayons du soleil et donnent lieu à de jolis effets de lumière, jusqu'au belvédère s'ouvrant sur la « mer de Rochers ». *www.gorgesdufier.com*

La journée commence par un lac et se termine par un autre : le **lac du Bourget★★**, le plus grand lac naturel de France. **Aix-les-Bains★★** possède une douceur de vivre unique. La station thermale et balnéaire resplendit sous les ors des façades Belle Époque de son casino et des anciens palaces. Préparez serviettes et maillots de bain et allez piquer une tête dans le lac : un souvenir magique !

DÎNER ET NUIT À AIX-LES-BAINS

Le soir est un moment enchanteur pour vous promener sur les rives du lac. Retrouvez ensuite votre chambre à l'**Auberge St-Simond,** que vous apprécierez pour son ambiance conviviale. Le jardin est doté d'une jolie piscine d'été – parce que les baignades sont toujours appréciées ! Vous pourrez déguster la cuisine de tradition simple et soignée des chefs à travers un menu évoluant au fil des saisons. *130 av. St-Simond - www.saintsimond.com - €€.*

ALTERNATIVE

Arômatik, lui aussi installé dans une rue piétonne, ne paye pas de mine, mais mérite à coup sûr l'attention (elle a d'ailleurs eu celle de Léo, qui y a fait ses armes !). Dans sa cuisine ouverte sur la salle, le jeune chef, passé par de belles maisons, réalise des recettes avec les produits du marché. Dans l'assiette, c'est soigné et goûteux... On ne s'appelle pas l'Arômatik par hasard ! *5 r. du Collège-Chapuisien - www.restaurant-aromatik.com - €€€.*

À VOIR AUSSI

Le **belvédère de La Chambotte★★**, installé sur le toit-terrasse du restaurant-brasserie du village à 650 m d'altitude, offre une excellente vue sur le **lac du Bourget**, son écrin montagneux et, au loin, les massifs de Belledonne, de la Chartreuse et du Grand Colombier. *La Chambotte.*

2e Étape

DÉPART D'AIX-LES-BAINS

Partez de bon matin pour une randonnée revigorante à la **croix du Nivolet★★**. Au départ du télésiège, il vous faudra emprunter le large sentier jalonné de balises jaunes affichant le chiffre 2. Deux comme les 20 m de haut de la croix du Nivolet. Deux comme les heures que mettront vos pieds à vous porter jusqu'à la **superbe vue★★** à 360 degrés sur le lac du Bourget et les massifs alentours et à redescendre en longeant l'arête faîtière du Nivolet...
Deux aussi comme les deux dizaines de minutes qui vous séparent de **Chambéry★★**, longtemps capitale de la Maison de Savoie. Explorez la **vieille ville★★** et laissez-vous surprendre par ses allées partiellement sous voûte qui assurent la liaison entre les rues à travers les pâtés de maisons. Pour ne rien manquer, suivez les petits éléphants : oui, oui, vous avez bien lu. Ils servent de balise pour mener aux incontournables de la ville ! *1h30 - 2,5 km - brochure téléchargeable sur le site de l'office du tourisme.*

DÉJEUNER À CHAMBÉRY

Rechargez vos batteries au **Bistrot** : un lieu rétro et chic, une cuisine du marché canaille et gourmande, basée sur de jolis produits. Au menu : dos de saumon grillé, paleron de bœuf confit au vin rouge ou encore cuisses de grenouilles en persillade ! *6 r. du Théâtre - www.restaurant-lebistrot.com - €€.*

C'est le moment de quitter Chambéry et les lacs pour s'enfoncer dans les montagnes ! Tracez votre route dans le **massif de la Chartreuse★★**, avec un premier arrêt au **col du Granier★★**. Ce passage, qui permet l'accès au massif de la Chartreuse depuis Chambéry, tire sa physionomie de la formidable paroi du Granier *(alt. 1933 m)* qui le domine. Dégourdissez-vous les jambes à **St-Pierre-de-Chartreuse★**, charmant village enchâssé au creux du massif de la Chartreuse. De la terrasse de la mairie, vous aurez une belle **vue★** sur la silhouette élégante de Chamechaude. Direction ensuite le **Charmant Som★★★** : attention, ça grimpe (jusqu'à 14 %) ! Vous traversez d'abord une forêt et longez des petites barres rocheuses, puis vous débouchez sur des pâturages. À 1654 m d'altitude, sur le plateau du Som, profitez d'une délicieuse pause panorama avant de rejoindre votre refuge du soir !

DÎNER ET NUIT AU SAPPEY-EN-CHARTREUSE

Quel bonheur de partager ses aventures de la journée avec d'autres voyageurs ! Le **Gîte du Chant de l'Eau** favorise cette expérience particulière durant le repas, autour d'une assiette 100 % autoproduite dans le potager. Difficile de faire plus local – et plus convivial ! Les chambres de cette grange restaurée dans un style traditionnel vous octroient un repos bien mérité... Ne vous attendez pas à un simple pain-beurre-confiture le lendemain matin : le petit-déjeuner complet aux produits bios et faits maison vous donnera le plein d'énergie pour la randonnée de la journée !
306 rte de Mollard-Giroud - www.gitechantdeleau.com - €.

À VOIR AUSSI

Le **cirque de St-Même★★** offre une vue sur les bancs rocheux calcaires hauts de 400 m : de la grotte située à mi-hauteur, le **Guiers Vif★★** jaillit en deux magnifiques cascades. Le cirque est le point de départ du sentier des Cascades *(2,6 km - 1h30)*.

ABSYNTHE

ALTERNATIVE

Pensez à réserver si vous préférez déjeuner au **Carré des Sens**. Dans la salle aux dimensions intimistes, vous pourrez déguster des classiques revisités avec passion et précision : raviole de lieu noir, paleron aux girolles ; crème brûlée à l'orange...
32 pl. Monge - www.carre-des-sens.eatbu.com - €€.

À VOIR AUSSI

Un lac, encore un lac ! Belle émeraude sertie dans le dernier chaînon jurassien, le **lac d'Aiguebelette★** est le troisième lac naturel de France. C'est un site protégé, dont les eaux sont réputées pour la richesse et la variété des poissons qu'elles abritent, ainsi que pour leur pureté, car elles sont préservées de toute pollution industrielle. Alors, prêt pour la baignade ou un autre sport nautique ?

3e Étape

DÉPART DU SAPPEY-EN-CHARTREUSE

Dans son cadre grandiose de montagnes enneigées en hiver, aux versants débordant de végétation en été, **Grenoble★★**, la métropole des Alpes, a beaucoup à offrir. En commençant par les œuvres exposées au **musée de Grenoble★★★** ou encore le **musée archéologique St-Laurent★★**. Depuis le quai de France, rejoignez ensuite le fort de la Bastille : **panorama★★** imprenable sur la ville, et qui s'étend jusque sur la cluse de l'Isère et les crêtes du Vercors. Montez en téléphérique, puis prenez la liberté de descendre à pied. L'itinéraire vous fera traverser le jardin des Dauphins, puis le parc Guy-Pape, de beaux havres de fraîcheur *(45mn-1h)*.

ALTERNATIVE

Dans la **Brasserie du Fantin,** située juste au-dessus de son restaurant gastronomique✿, le chef Stéphane Froidevaux joue la carte de la convivialité. On retrouve sa passion pour les beaux produits et l'originalité, déclinée dans un esprit brasserie : tout est aromatique, parfumé… Une version « bis » très gourmande !. *1 r. du Général-Beylie - www.maisonfantinlatour.fr - €€*

DÉJEUNER À GRENOBLE

Si la formule de Jean Brunhes « Manger, c'est incorporer un territoire » vous parle, alors **L'Aiguillage** est l'endroit idéal pour votre déjeuner. Élodie et Natacha ont fait leur cette expression du géographe pour élaborer une cuisine nature et fleurie à partir de produits locaux, bio ou raisonnés et de qualité. Dans l'assiette, des recettes inspirées et gourmandes, certaines végétariennes et toujours en fonction des produits de saison.
14 r. Abbé-Grégoire - www.aiguillage.fr - €€.

LES EAUX D'URIAGE
Blottie au fond d'un vallon verdoyant, au pied de la chaîne de Belledonne, Uriage est connue depuis l'Antiquité pour ses eaux. L'établissement thermal (1895), avec sa belle façade, le casino, les hôtels, les villas sont disséminés dans un parc de 200 ha.

Au sommet de **Chamrousse**, au pied de la **croix★★**, un **panorama★★** immense s'ouvre devant vous sur la plaine de Grenoble. Prenez une grande inspiration devant le lac Achard et le massif du Taillefer, depuis le **belvédère de l'Oisans★★**. Mettez-vous un peu en jambe avec la **passerelle himalayenne★★** qui conduit au sommet de Chamrousse, d'où le panorama s'étend sur les lacs Robert et la chaîne de Belledonne. Mais ce n'est que repousser pour mieux vous lancer ! Parce qu'attention, ça va décoiffer avec la **tyrolienne géante de Chamrousse.** Imaginez un peu : 1944 m de long. À environ 80 km/h, vous descendez 560 m de dénivelé, été comme hiver, avec une vue fantastique sur les montagnes alentour et le bassin grenoblois. Frissons garantis ! *Adrenaline Park, Croix de Chamrousse - www.chamrousse.com*

DÎNER ET NUIT À URIAGE-LES-BAINS

Immergez-vous au cœur du parc d'Uriage en compagnie d'un véritable amoureux de la nature, Christophe Aribert. Il a fait de l'écoresponsabilité l'alpha et l'oméga de son établissement. Dans la cuisine de **La Maison Aribert**✿✿✿, le chef affirme plus que jamais son attachement aux herbes et racines des montagnes environnantes, qui accompagnent dans l'assiette les fruits, légumes et fleurs du potager maison. Sa cuisine compose également une véritable ode aux poissons de rivière. Prolongez donc cette escale nature dans les confortables chambres de la Maison du chef ou de la Maison principale.
280 allée du Jeune-Bayard - www.maisonaribert.com - €€€€.

ALTERNATIVE

Le **Café A,** lié à la Maison Aribert, se veut un « café de village » où les recettes, inspirées de nos grands-mères, sont réalisées à partir de produits sélectionnés avec soin, pour une cuisine bistronomique. €€.

Et si on allait voir plus loin

Notre sélection de sites, adresses, expériences nature en dehors de l'itinéraire

CHAMONIX-MONT-BLANC

Les sommets qui dominent **Chamonix★★★** sont accessibles par plusieurs téléphériques ou télécabines : l'**Aiguille du Midi★★★** et son **Pas dans le vide★★** accroché à l'extrémité de la terrasse ; Montenvers et l'incroyable vision de la **mer de Glace★★★** ; le **Brévent★★** et sa station-relais **Planpraz★★** d'où partent de nombreuses randonnées, l'**Index★★** de la **Flégère★★**, à 2 385 m d'altitude, pour sa vue dégagée sur tout le massif du Mont-Blanc...
En saison, réservez vos places.

Vallée de Chamonix-Mont-Blanc★★★

La route, encaissée et bordée de forêt de résineux, révèle, virage après virage, de nouvelles perspectives superbes sur les sommets, déchiquetés et enneigés, qui se détachent sur le ciel. Ne manquez pas le **parc de Merlet★★**, le **Prario★★**, **Bellevue★★**, l'**Aiguille des Grands-Montets★★★**, ou encore la **réserve naturelle des Aiguilles-Rouges★★★**. *Entre Servoz et Vallorcine, nombreuses activités de plein air possibles.*

LE CHABLAIS

Pic des Mémises★★

Prenez de la hauteur avec la télécabine de la station de Thollon-les-Mémises et partez à la découverte de ce magnifique observatoire de la rive chablaisienne du Léman, dans le **massif du Chablais★★**. De la crête des falaises des Mémises, gagnez le point culminant avec son panorama sur le lac. Les amateurs de frissons pourront même faire un pas dans le vide, une cabine de verre est aménagée derrière le restaurant !
1h AR à partir de la gare d'arrivée.

LES ÉCRINS

Lac Lauvitel★★

Les Écrins★★★, deuxième massif de France par l'altitude, ont été détrônés par le Mont-Blanc lorsque la Savoie devint française. Mais ce serait impensable de les oublier, car ils regorgent d'une faune et d'une flore exceptionnelles. Vous serez surpris par les paysages traversés pour atteindre le **lac Lauvitel★★**, un site sauvage où torrents et cascades ruissellent.
3h AR, depuis le hameau de La Danchère.

Plan du Carrelet★★

Que diriez-vous de tenter d'apercevoir des marmottes dans la **vallée du Vénéon★★★** ? Et même si vous n'arrivez pas à les voir, le paysage s'ouvrant sur la Meije et la Tête de la Maye vous raviront. Le sentier longe le torrent du Vénéon, puis redescend en s'enfonçant dans la vallée vers le glacier du Chardon. Une belle marche facile et agréable.
2 h AR, dép. de La Bérarde.

LE VERCORS

Combe Laval★★★

Sortez de la **forêt de Lente★★** puis empruntez le parcours héroïque qui commence au col de la Machine. La route s'accroche, vertigineusement taillée dans de formidables parois calcaires, au-dessus du vallon supérieur du Cholet, que l'on finit par dominer de plus de 600 m. Après plusieurs tunnels, la route débouche au-dessus du Royans et offre de merveilleuses **vues aériennes★★** sur ce pays de collines-taupinières, ainsi que sur les plateaux du bas Dauphiné (forêt de Chambaran).

Grotte de Choranche★★

Le **massif du Vercors★★★** recèle bien des merveilles : traversez les **gorges de la Bourne★★★** par son impressionnant parcours en corniche et rendez-vous dans la **grotte de Choranche★★**. Vous pénétrerez dans une vaste salle haute de 16 m et large de 70 m. Préparez-vous à avoir le souffle coupé face au spectacle des milliers de **stalactites fistuleuses★★** qui se reflètent dans les eaux du lac.
2865 rte des grottes - www.visites-nature-vercors.com

SIXT-FER-À-CHEVAL

Cirque du Fer-à-Cheval★★

Voici le site le plus spectaculaire de la **réserve naturelle de Sixt★**. Le murmure profond des cascades (plus de trente au mois de juin) forme le fond sonore inséparable du site ; la cascade de la Méridienne glisse sur un Plan Incliné, au flanc du Tenneverge à gauche ; plus à droite, dans l'hémicycle proprement dit, la cascade de la Lyre. Bref, un cirque glaciaire éblouissant.
www.haut-giffre.fr - parking payant en journée en sais. estivale

VALLOIRE

Col du Galibier★★★

Cette route, la plus célèbre des Alpes françaises, est aussi le passage le plus élevé *(alt. 2 642 m)* de la route des Grandes Alpes après le col de l'Iseran. Ce col mythique du Tour de France décroche haut la main le maillot à pois des panoramas !
Obstrué par la neige d'oct. à fin mai.

ITINÉRAIRE 16 - ALPES DU SUD

4 JOURS - 385 KM

STE-CROIX-DU-VERDON > BAUDUEN > CASTELLANE >
PUGET-ROSTANG > BEUIL > ESTENC > BARCELONNETTE > L'UBAYE

Selon les saisons, certaines routes peuvent être interdite à la circulation et certains sites fermés. Renseignez-vous.

Les paysages grandioses des sommets alpins

DÉPART DE SAINTE-CROIX-DU-VERDON

Ce matin, goûtez à la liberté avec une promenade aquatique sur les eaux turquoises du **lac de Ste-Croix★★**. Au cœur du pays du Verdon, ce paysage sauvage invite à la détente. Ne partez pas trop tard de **Moustiers-Ste-Marie★★** pour savourer le calme matinal et la limpidité de l'eau. Au départ du joli village de **Ste-Croix-du-Verdon**, le plus dur sera de choisir : pédalos, canoës, kayaks ou paddle ?

ADRESSE

La Maison des guides du Verdon propose des excursions guidées d'escalade, canyoning et randonnée pour découvrir ce lieu magique sous un autre angle et en toute sécurité. *R. Grande - La Palud-sur-Verdon - www.escaladeverdon.fr*

DÉJEUNER À BAUDUEN

Après l'effort, le réconfort. Haute Provence rime avec... cuisine provençale ! Au **Café du Midi**, la terrasse offre aussi une jolie vue sur le lac. Aussi bon que beau ! *Rue du Cours -https://cafe-du-midi-bauduen.edan.io - €.*

Cap sur la route de la **Corniche Sublime★★★**, de Aiguines à Castellane, objectif du jour. Sortez les appareils photos, les arrêts vont être nombreux sur la route. Mais, promis, ces merveilleux panoramas en valent la chandelle et ne vous lasseront pas. Premier arrêt ? La vue sur le Grand Canyon depuis le **col d'Illoire★★**. Le **cirque de Vaumale★★**, à 1200 m au-dessus des gorges au point culminant, donne lui l'impression de survoler le versant opposé. Après la **falaise de Baucher★**, la **falaise des Cavaliers★** longe l'extrême bord de la falaise. Surtout, ne regardez pas en bas si vous avez le vertige : on domine le précipice de 250 à 400 m... sur plus de 3 km ! Enfin, les **balcons de la Mescla★★★**, « mêlée » du Verdon et de son affluent, dessinent un cadre sauvage et grandiose d'eaux écumantes. Une courte marche vous mènera au belvédère supérieur, le plus impressionnant !

ADRESSE

L'association **Insolite nature** organise, en partenariat avec la Ligue pour la protection des oiseaux, des balades-découverte afin d'observer les vautours du Verdon, en compagnie d'un ornithologue. On vous prêtera des jumelles et des longues-vues. *Rougon, parking face à la chapelle - ✆ 06 18 64 30 57 - visite guidée (demi-journée).*

DÎNER ET NUIT À CASTELLANE

Le point de vue depuis les chambres du **Grand Hôtel du Levant**, pourtant au cœur de Castellane, est, là encore, remarquable. Les fenêtres s'ouvrent directement sur le grand Roc, la falaise cyclopéenne qui domine la ville. Au **restaurant** de l'hôtel, vous pourrez déguster une cuisine régionale gourmande, dans un cadre traditionnel et une ambiance familiale.
5 pl. Marcel-Sauvaire -www.hoteldulevantcastellane.com - €.

2e Étape

MATINÉE À CASTELLANE

On se laisse facilement subjuguer par la petite ville et son immense Roc. Profitez de cette atmosphère en flânant dans les ruelles étroites de **Castellane★**, ponctuées de placettes et de fontaines. Déambuler, c'est bien, mais on aime bien parfois avoir un objectif, un but à sa promenade. Visez alors la **chapelle Notre-Dame-du-Roc**. Au sommet du sentier d'interprétation *(1h30 AR)*, la chapelle domine le Verdon de plus 180 m. On jouit d'une vue sur tout le bassin de Castellane, les montagnes et l'entrée des gorges du Verdon !

DÉJEUNER À CASTELLANE

Que ce soit à l'ombre du grand platane de **La Forge** ou dans la véranda du restaurant, la cuisine traditionnelle ne change pas de goût : elle est toujours aussi savoureuse ! Daube de calamars à la provençale, tarte du jour... à vous de choisir votre menu dans ce cadre intimiste et apaisant. *R. Lt-Blondeau - hotelrestaurantlaforge.fr - €.*

Ça monte et ça descend dans les clues de haute Provence. Halte ! L'arrêt au **col de Bleine★★**, à 1 439 m d'altitude, est inévitable. La vue est magnifique sur le ravin de Faye et, au-delà, sur les Grandes Alpes du Sud. Quelques kilomètres plus loin, c'est la grandiose **clue de St-Auban★★** et ses parois verticales aux falaises trouées d'immenses grottes qui apparaît. Après Briançonnet et Collongues, on aperçoit à droite la **clue d'Aiglun★★**, puis l'entaille spectaculaire de la **clue du Riolan★**. Grimpez encore quelques routes en lacets avant de prendre l'air au village de **La Penne**, pour une agréable promenade dans des ruelles toutes fleuries. Légèrement perché contre une arête rocheuse, le bourg est dominé par un donjon carré et son belvédère s'ouvre sur la vallée du Miolans et la montagne du Cheiron. Grandiose !

DÎNER ET NUIT À PUGET-ROSTANG

Posez vos bagages sur les hauteurs du Puget, à l'**Auberge du Riou**. Le restaurant sur place sert des plats régionaux dans une ambiance conviviale. Ressourcez-vous dans le calme absolu qui règne ici durant la nuit. *47 rte de Ste-Anne - Puget-Rostang - www.aubergeduriou.fr - €.*

À VOIR AUSSI

Le mercredi ou le week-end, poussez la porte de l'ancienne prison de Castellane, qui abrite depuis 2008 le relais du Parc naturel et régional du Verdon. **La Maison nature et patrimoines★** présente au troisième étage l'exposition Sirènes et Fossiles, ces mammifères marins qui ont donné naissance aux êtres mythologiques. Le sentier des Siréniens complète parfaitement la visite. *Col des Lèques, par la D4085, parking à droite du camping - 1h AR.*

3e Étape

DÉPART DE PUGET-ROSTANG

La puissance de l'eau est aujourd'hui à l'honneur : le Cians a taillé dans les schistes rouges puis le calcaire des gorges abruptes, pour rejoindre le Var. La route épouse les contours de ces phénoménales galeries de sculptures naturelles – avis ici au conducteur, qui n'aura d'autre choix que de s'arrêter pour profiter des paysages (mais c'est l'occasion de se dégourdir les jambes !). Les **gorges supérieures du Cians★★★**, un peu plus loin, réussissent à surpasser la beauté des **gorges inférieures★★**. La route tantôt borde, tantôt domine de très haut le lit du Cians, créant un effet saisissant. Descendez au cœur de la **grande clue★★★** par une échelle de fer. En bas, écartez les bras. Il ne s'agit pas d'un Jacques-a-dit ou un gage absurde : c'est qu'au plus étroit, seul 1 m sépare les deux parois des gorges ! Une belle photo souvenir de vous en train de soutenir les gorges !

DÉJEUNER À BEUIL

Le clocher émergeant au creux du vallon vous indique votre destination : l'hôtel-restaurant **L'Escapade**, une super auberge de montagne comme on n'en fait plus. On vient de loin pour goûter à l'excellente cuisine de la maison, un délicieux mélange de spécialités de l'arrière-pays niçois, de charcuteries et de fromages de montagne. *15 bd Marcel-Pourchier - www.hrlescapade.fr - €€.*

À VOIR AUSSI

En une petite demi-heure à pied, vous ferez le tour du **lac du Var** au départ du relais de la Cayolle. Papillons, truites et fleurs sauvages complètent ce décor.

Cap sur Guillaumes et les **gorges du Daluis★★**. Enfilez vos lunettes de soleil : la couleur rouge des clues, d'une âpreté saisissante, est éblouissante ! La route en balcon avec ses tunnels creusés dans le rocher offre les plus belles vues. Une petite grimpette au niveau du pont de la Mariée *(escalier de 62 m)* vous permettra d'admirer le panorama du **belvédère des Gorges**. Sublime ! Profitez à nouveau des lieux en rebroussant chemin : vous montez maintenant vers le col de la Cayolle, et plus précisément le **cirque glaciaire★ d'Estenc**. C'est là que le Var prend sa source, dans un somptueux cadre montagneux où les cimes se cachent dans les nuages, à 3000 m d'altitude. En fin de journée, trempez vos pieds dans le ruisseau de la Sanguinière. Ce dernier longe le sentier grimpant dans les champs et s'élevant dans les sous-bois. Vous déboucherez dans une vaste prairie où trônent deux jolies cabanes de bergers. *1h30 AR - dénivelé 180 m - dép. du parking juste avant le refuge de la Cantonnière.*

ALTERNATIVE

Non loin, le **refuge de la Cantonnière** est également idéal pour passer la nuit. Les gérants, qui connaissent bien le Mercantour, sont une mine inépuisable d'informations. C'est aussi un excellent **restaurant**, d'ailleurs conseillé pour le déjeuner du lendemain ! *Rte du col de la Cayolle - lacantonniere.wixistie.com/refugedelacantonniere - €.*

DÎNER ET NUIT À ESTENC

Après cette belle journée, vous aspirez à une parenthèse enchantée ? Réservez donc au hameau familial du **Gîte Ferran**, reconverti dans l'agritourisme. Ambiance d'auberge de montagne tout confort où l'on profite de la vie à la ferme et de ses bons produits, aux portes du Mercantour. *Hameau des Louiqs - www.giteferran.com - €.*

4e Étape

MATINÉE AUTOUR D'ESTENC

Pour savourer les paysages splendides des Alpes du Mercantour, rien de tel qu'une randonnée. Le **circuit des Lacs★★**, balisé en jaune, part du parking du col de la Cayolle et monte délicatement jusqu'au col de la Petite Cayolle. Le **lac des Garets** et le **lac d'Allos** offrent des pauses rafraîchissantes, dans un paysage enivrant. *3h AR - dénivelé 450 m - balisage jaune - dép. du parking du col de la Cayolle.*

DÉJEUNER À ESTENC

Rechargez vos batteries au **refuge de la Cantonnière**. Il relève du Parc national du Mercantour et accueille bon nombre de randonneurs. On se régale de plats gourmands de saison, avec des produits locaux. Sur demande, le restaurant concocte des plats végétariens et sans gluten. *Rte du col de la Cayolle - lacantonniere.wixsite.com/refugelacantonniere*

D'un col à l'autre, puisque la prochaine étape n'est autre que le sublime col de la Bonette via la magnifique **route de la Bonette★★** *(attention : fermée de novembre à fin mai - se renseigner au préalable).* La grimpette à pied jusqu'à la **Cime de la Bonette★★★** est à faire absolument : nulle part ailleurs vous n'atteindrez 2860 m en ne montant que de 60 m. Vous découvrez alors un ahurissant panorama. Grâce à la table d'orientation, il sera aisé de situer les différents massifs des Alpes du Sud depuis cette position centrale *(30mnAR).*
La route entame ensuite sa descente en lacets vers Jausiers et laisse à gauche le site du seuil de Restefond, tellement sauvage qu'il ferait presque peur.
On arrive alors à **Barcelonnette★**, la capitale de la vallée de l'Ubaye. Vous verrez, la ville est plutôt animée : terrasses, commerces et petites boutiques sont au rendez-vous. Pour mieux appréhender l'histoire de la ville, direction le **musée de la Vallée★**, installé dans la Villa La Sapinière : elle fait ressurgir toute la mémoire de l'Ubaye !

DÎNER À BARCELONNETTE ET NUIT À L'UBAYE

Ambiance festive pour le dîner au **Choucas** . C'est une institution de Barcelonnette (un bar à l'origine), qui s'est lancée dans la restauration et le résultat vaut le détour. S'il fait beau, la terrasse est le meilleur choix pour déguster ses plats locaux. *4 pl. Manuel - www.lechoucasbarcelonnette.fr - €.*
Terminez votre séjour au cœur de la vallée de l'Ubaye quelques kilomètres plus loin. La maison d'hôtes **Les Méans** s'est installée, à 1 000 m d'altitude, dans un ancien presbytère restauré avec des matériaux écologiques, pour une ambiance nature. Gravez dans votre mémoire la vue sur les montagnes, symbole de ce voyage ! *Les Méans - www.les-means.com - €€.*

À VOIR AUSSI

Le village de **St-Dalmas-le-Selvage★**, perdu dans un site majestueux et sauvage au bout de la vallée de la Tinée, est la plus haute commune des Alpes-Maritimes. Si vous voulez y séjourner, la maison d'hôte **La Petite Étoile**, est faite pour vous : accueil chaleureux, repas bio et copieux, chambres simples et confortables. *www.la-petite-etoile-dhotes-en-mercantour.fr*

ALTERNATIVE

On se sent comme à la maison dans cette vieille ferme de 1870 entièrement rénovée. **L'Escale en Ubaye** se veut aussi table d'hôte : le repas est concocté par Julie, la maîtresse des lieux. À cela s'ajoute un superbe panorama et piscine rafraîchissante en été. Que demander de plus ? *70 rte de St-Bernard - St-Pons - www.chambres-hotesescale-ubaye.fr - €€.*

GRAND PAON DE NUIT

CONDUIRE SUR LES ROUTES DE MONTAGNE

Le Code de la route donne la priorité à la voiture montante, sauf si celle-ci se trouve à proximité d'une place d'évitement. De nombreuses routes et établissements sont fermés de mi-octobre à mi-mars, voire mi-avril. Privilégiez donc la belle saisons pour vous rendre dans la région et vérifiez la réouverture des cols, qui dépend des conditions météorologiques, notamment de la chute et de la fonte des neiges.

Et si on allait voir plus loin

Notre sélection de sites, adresses, expériences nature en dehors de l'itinéraire

ARCHIANE

Le sentier des Vautours

Le chemin part du village et parcourt le **cirque d'Archiane★★★**. Plusieurs postes d'observation mis en place par le Parc naturel régional du Vercors offrent l'opportunité de voir les vautours fauves et leur site de nidification.

5 km - 2h30 - chaussures de randonnée conseillées.

ASPRES-SUR-BUËCH

Spéléologie dans la vallée d'Agnielles

Dûment équipé - combinaison, gants, casque et baudrier - on joue les explorateurs en famille pour une véritable aventure souterraine. On crapahute de mains courantes en passerelles ou ponts de singe, on grimpe, on rampe, on glisse... L'aventure n'est pas que sportive puisqu'on en profite pour glaner plein d'explications sur la géologie, l'hydrologie, l'archéologie et la faune cavernicole...

Vallée d'Agnielles - www.speleologie-hautes-alpes.fr - 3h dont 1h30 d'exploration.

BRIANÇON

Croix de Toulouse★★

La Croix de Toulouse, éperon sud d'une crête séparant les vallées de la Guisane et de la Clarée, domine la ville de Briançon. Du belvédère, à plus de 1 900 m d'altitude, on est saisi par la vue verticale sur le système des fortifications de Briançon ; au-delà, panorama sur les vallées de la Durance et de la Guisane, jusqu'au col du Lautaret.

De Briançon par la route de Grenoble, puis à droite sur la D 232T.

COL D'IZOARD

La route du col d'Izoard★★★

La route du col d'Izoard, qui s'étend de Briançon au col, sinue au-dessus des gorges de la Cerveyrette. À Cervières, on parcourt la vallée de la Cerveyrette, parsemée d'authentiques hameaux aux chalets de pierre, on admire le grand pic de Rochebrune, on s'étonne devant le paysage lunaire de la Casse déserte, ensemble de roches déchiquetées et d'éboulis dus à l'érosion.

Attention, le col d'Izoard est fermé en hiver.

DIGNE-LES-BAINS

Musée-promenade - UNESCO Geoparc de Haute-Provence★

Le Musée-promenade est installé au cœur du parc Saint-Benoît qui domine Digne. Quatre sentiers traversent le parc : le sentier de l'eau avec la spectaculaire **Grande cascade pétrifiante★**, le sentier des cairns, le splendide sentier des papillons, qui peut aussi être arpenté en visite guidée, et le sentier des remparts.

Parc St-Benoît - 04 92 36 70 70

FORCALQUIER

Artemisia Museum - Couvent des Cordeliers

Le musée, ouvert au sein du couvent, est dédié aux plantes traditionnellement cueillies dans la montagne de Lure toute proche (classée Biosphère UNESCO et comprenant 80 % de la flore provençale, avec plus de 1 600 variétés recensées à ce jour) et aux savoir-faire industriels et artisanaux. Venez apprendre à reconnaître les plantes, comprendre leurs usages, leurs vertus, leur exploitation ancestrale par les cueilleurs-colporteurs, les droguistes-herboristes et, encore aujourd'hui, la distillerie, destinée à la fabrication de cosmétiques, parfums et alcools. Si le nez vous en dit, participez aux ateliers Parfumeur (création de parfum personnalisé).

Liste sur le site Internet - bd des Martyrs-de-la-Résistance - www.artemisia-museum.fr

LA GRAVE

Glaciers de la Meije★★★

La majesté de la haute montagne pour tous... Grâce au téléphérique, vous pourrez vous hisser à 3 200 m d'altitude. Vous n'oublierez pas cette vue de sitôt : on dit souvent que les glaciers de la Meije sont les plus beaux de France. Un conseil ; foncez vérifier !

Randonnées au sommet★★★

À partir du Peyrou d'Amont, du Pied-du-Col (plateau d'Arsine), du Chazelet (plateau d'Emparis) ou encore du lac de Goléon, des circuits de randonnée balisés sont praticables à la journée ou à la demi-journée. Au col des Ruillans, un accès facile conduit même à une **grotte de glace**, creusée dans le glacier de la Girose et décorée de nombreuses sculptures originales en glace.

VALLÉE DE LA DURANCE

Lac de Serre-Ponçon★★

Ennemis des lacs artificiels, la beauté de la deuxième plus grande retenue d'Europe va vous faire plonger. Des routes superbes contournent le lac de Serre-Ponçon. Leurs lacets semblent s'éloigner de ses rives et s'enfoncer dans les collines. Et voilà que soudain le tournant suivant offre un panorama enchanteur : une branche inconnue de l'immense lac bleu, une crique secrète, des voiles blanches qui voguent au loin sous le soleil, en vue des plus hauts sommets.

Les Demoiselles coiffées

Ces curiosités géologiques constituent l'un des spectacles les plus étranges des Alpes du Sud. Appelées ailleurs « cheminées de fées », les demoiselles sont des moraines glaciaires préservées de l'érosion par un bloc rocheux faisant parapluie. Il tasse les couches sous-jacentes et renforce la résistance. Une demoiselle meurt donc en perdant sa coiffe. Deux sites sont parfaits pour les découvrir : les **Demoiselles coiffées de Pontis★** *(30 mn AR dep. le village de Pontis)* et les **Demoiselles coiffées de Theus★** avec leur **salle de bal★**, qui offre la plus grande concentration de colonnes. De là, on gagne, à 3,5 km, le sommet du **mont Colombis★** qui culmine à 1 733 m. Le panorama embrasse tout le lac de Serre-Ponçon, enchanteur.
www.serreponconvallees.com

Forêt de Boscodon★★

Ancien domaine de l'**abbaye★**, elle s'étend au-delà des bâtiments sur 850 ha. Ses belles futaies et ses sentiers balisés en font un haut lieu de la promenade dominicale. À la pépinière, un **sentier botanique** permet de reconnaître 24 espèces d'arbres et arbustes locaux à l'aide de panonceaux explicatifs.
Plan des sentiers disponible dans un des chalets.

LE VALGAUDEMAR

La Haute Séveraisse★★

Dans cette profonde vallée des Écrins, la montagne grandiose est à portée de main. Au milieu de ces forteresses de pierre, vous vous sentirez tout petit. Les alpages sauvages et les petits hameaux oubliés accentuent la puissance des lieux.

Les Oulles du Diable★★

Un chemin descend vers un ravissant pont de pierre (l'un des rares de la vallée à n'avoir pas été emporté par les crues de 1928), dont l'unique arche voûtée est jetée sur les Oulles du Diable, succession de marmites de géants creusées par l'érosion, où tourbillonnent avec une force diabolique les eaux de la Navette.
1h30 AR, depuis le hameau des Portes, près de La Chapelle-en-Valgaudemar.

LES VIGNEAUX

Via ferrata des Vigneaux★

Exposée plein sud, c'est la via ferrata la plus fréquentée de la région, car elle offre les vues aériennes les plus impressionnantes. De niveau facile à moyen, elle comporte en réalité deux voies : celle de gauche (de la Balme) est plus facile, mais procure quelques passages spectaculaires. Profitez du calme de début de matinée ou de fin de journée.
Au bout du village, sur la D 4 vers Prelles. Laissez la voiture avant l'entrée du village. 3h AR - dénivelé de 400 m dont 200 m à la verticale du village.

VALENSOLE

Plateau de Valensole★

Sous vos yeux s'étend un gigantesque échiquier bleu et or dont les pions disséminés sont de noirs amandiers. Voilà le plateau de Valensole, avec sa succession de champs de lavandin et de blé. Le traverser est un enchantement en mars, quand fleurissent les amandiers, ou en juillet, quand vient le lavandin qui le teinte de mauve.
La **famille Angelvin** vous accueille dans sa distillerie de lavande et lavandin pendant la période de floraison. Quant à la boutique, elle propose différents produits liés à cette culture.
14, r. des Genêts - www.lavandes-angelvin.fr

ST-VÉRAN

La maison du Soleil et de l'astronomie

À 2 040 m d'altitude, **St-Véran★★** est le plus haut village d'Europe, donc plus près du soleil.... Une bonne occasion de venir dans ce centre d'interprétation observer l'astre solaire et en décortiquer les secrets. Observation, expériences ludiques et ateliers thématiques pour tout savoir sur notre étoile et ses nombreuses relations avec notre planète. En été, on peut prolonger le plaisir de la découverte en passant une nuit à l'observatoire *(www.saintveran-maisondusoleil.com - €€)*.
Ne manquez pas une **visite du village** avec ses fameux chalets à fustes (greniers à fourrage) – beautés fatales – qui donnent tout son charme au lieu.

ITINÉRAIRE 17 - PROVENCE

3 JOURS - 382 KM

CASSIS > PUYLOUBIER > VAUVENARGUES > EYGALIÈRES > ARLES > VACCARÈS

À perte de vue

PARC NATIONAL DES CALANQUES

Ce massif calcaire de plus de 5 000 ha s'étire sur près de 20 km entre Marseille et Cassis. Ses roches d'une blancheur éclatante piquetées de garrigue odorante plongent en de vertigineuses falaises dans les eaux turquoise. Dans ce spot de nature idyllique, quoique surfréquenté l'été, les grimpeurs grimpent, les plongeurs plongent et les marcheurs marchent. *www.calanques-parcnational.fr (seules Callelongue, Sormiou et Morgiou sont accessibles en voiture - hors été et week-ends de printemps).*

1re Étape

DÉPART DE CASSIS

Commençons par un Parc national. Celui des **Calanques★★★**. Il est le seul en France à jouxter un grand centre urbain. À ce titre, il a le mérite de nous indiquer que notre avenir sur Terre ne sera pas résolu en créant des bulles de nature intacte pour mieux polluer dans le reste du monde, mais qu'il réside dans un dialogue entre espaces habités et espaces préservés. Les Marseillais ont de la chance, ils peuvent prendre le bus ou la navette maritime et se retrouver au bout du monde en une poignée de minutes, mais les Cassidains ont encore plus de chance car le petit port de **Cassis★** se trouve à 30mn à pied de **Port-Miou**. Nous, on aime mieux accéder au parc par là. Une promenade agréable conduit à cette première calanque, laquelle enfonce très loin ses méandres dans le calcaire (pas de plage mais une série de pontons où se balancent des bateaux de plaisance). La suivante, **Port-Pin★**, est plutôt famille avec sa petite plage de galets qui vient achever la courbe gracieuse de la crique entre les rochers et les pins. La plus belle, selon nous, est **En-Vau★★**, qu'on aborde au prix d'une marche vertigineuse entre l'azur du ciel, les bleus de la mer et la garrigue sur la roche claire *(3h AR depuis Port-Miou)*. Son accès difficile n'empêche pas la sauvageonne d'être prise d'assaut l'été.

DÉJEUNER À CASSIS

Si vous n'avez pas prévu d'emporter un pique-nique pour profiter des calanques, déjeunez italien à **La Stazione**. *39 av. Victor-Hugo - www.lastazionecassis. com - €€.*

Après la nature sauvage et brûlante l'été, retrouvez le calme d'un jardin domestiqué. Poème végétal resté dans son dessin du 17e s., les **jardins d'Albertas★** marient la tradition italienne de la Renaissance avec l'esprit du jardin à la française inspiré de Le Nôtre. Terrasses, statues dans le goût antique et grotte artificielle viennent bousculer les parterres, nappes d'eau et perspectives. *1224 av. de La Croix-d'Or - Bouc-Bel-Air - www.jardinsalbertas.com.*

À VOIR AUSSI

Si vous voulez explorer les calanques depuis Marseille, oubliez votre voiture et levez-vous à l'aube. Choisissez **Sormiou★** pour ses cabanons, sa plage de sable et ses restaurants : le GR 98 la traverse et vous conduit vers Cassis.

DÎNER ET NUIT À PUYLOUBIER

Au pied sud de la montagne Ste-Victoire, on dîne d'une cuisine de bistrot, version moderne, sur la terrasse d'une ferme du 18e s. en plein paysage cézannien. Les chambres dépouillées sont à l'unisson de la nature environnante. Aucun bâtiment fâcheux n'empêchera votre communion avec la montagne. **Le Relais de St-Ser** - *Av. P.-Cézanne (D 17) - www.relaisdesaintser.com - €€.*

2e Étape

DÉPART DE PUYLOUBIER

De Puyloubier, attaquez le chemin des crêtes de la **montagne Sainte-Victoire★★★**. Destiné aux plus sportifs, le **GR 9** épouse la ligne sommitale et vous conduit en 4h de Puyloubier à la croix de Provence par un itinéraire en prise directe avec le ciel. Il passe par le point culminant du massif, le **pic des Mouches** où une table d'orientation mettra tout le monde d'accord sur les lectures du paysage qui auront jailli pendant la marche. Oui, on peut voir la Ste-Baume, le Ventoux, les Alpes et la mer. On longe des aplombs spectaculaires où les marcheurs sujets au vertige croiront leur dernière heure arrivée, voire déclareront forfait lorsqu'il s'agira de franchir un passage rocheux avec des chaînes. Sur la table rocheuse du plan de la Crau, vous aurez les yeux fixés sur vos chaussures, pour ne pas vous tordre la cheville dans les rigoles des lapiaz où poussent au printemps les narcisses et les crocus. Une faune variée et plus ou moins sauvage habite les sommets de cette fabuleuse montagne, chamois, moutons, chèvres et parapentistes. Une promenade de mamie, plus classique, part du barrage de Bimont et monte à la **croix de Provence★★★**, d'où nous avons déjà trouvé la **vue★★★** plus que satisfaisante et l'effet « sommet » presque accompli *(2h aller, balisage bleu)*.

DÉJEUNER À VAUVENARGUES

Voyez la montagne côté nord, dans le village où Picasso a peint ses dernières œuvres. À Vauvenargues, face au château du peintre, la table de l'**hôtel Ste-Victoire** place la Provence dans l'assiette et sous vos yeux. Le paysage est si beau qu'on en mangerait.
33 av. des Maquisards - www.hotelsaintevictoire.com - €€€€.

Traversez la **plaine de la Crau**, vaste étendue désertique couverte de galets, qui s'allonge entre la Camargue et Salon-de-Provence. Dans cette steppe aride au biotope unique, en partie fertilisée (mais aussi menacée) par l'irrigation, paissent d'octobre à juin les mérinos, une tradition pastorale qui se perd dans la nuit des temps, comme en témoignent les moutons qui se sont invités sur le portail de l'église Saint-Trophime (12e s.) à Arles *(voir p. 112)*. Piquez vers le nord pour traverser **les Alpilles★★**, un de nos endroits préférés en Provence. La D 24, entre autres, laisse la plaine dans son dos et grimpe dans le chahut des massifs calcaires piqués de pins et de garrigue. En fin de journée, la pierre rosit et les arbres jouent aux ombres chinoises. Unique.

DÎNER ET NUIT À EYGALIÈRES

Pour découvrir la cuisine provençale et les jolis villages des Alpilles, vous avez le choix : rustique à St-Rémy-de-Provence au **Chapeau de paille** *(bistrot-chapeaudepaille.com - €€)*, provence chic à Fontvieille, au **Planet** *(www.lacuisineauplanet.fr- €€€)*, bon enfant à Eygalières, **chez Paulette** *(www.pauletteeygalieres.com - €€€)*. Dormez au **mas du Rollier**, loin du monde, et au milieu des Alpilles.
Eygalières - www.masdurollier.com - €€.

ALTERNATIVE

Restez à Puyloubier où la **buvette du Relais de St-Ser** est très appréciable l'été pour avaler des mezzés dans la garrigue. *Av. P.-Cézanne (D 17) - www.relaisdesaintser.com - €.*

GRAND SITE CONCORS STE-VICTOIRE

400 km d'itinéraires balisés
1,5 millions de visiteurs/an
Point culminant 1011 m
17 communes. Orientée d'ouest en est, la chaîne présente, au sud, une face abrupte dominant le bassin de l'Arc, tandis qu'au nord elle s'abaisse doucement en une série de plateaux calcaires vers la plaine de la Durance.

À VOIR AUSSI

À St-Martin-de-Crau, l'**écomusée de la Crau** est une étape obligatoire pour comprendre le dialogue nécessaire entre espaces naturels et activités humaines. Allez-y ! *2 pl. Léon-Michaud - www.cen-paca.org*

ALTERNATIVE

Faites-vous materner au **château de Servanes**, au pied des Alpilles. Il y a même un golf pour les acharnés de la voiture ET du green. *Mouriès - chateaudeservanes.com - €€€€.*

À VOIR AUSSI

Le peintre **Réattu** vivait et travaillait dans un hôtel particulier aménagé dans le prieuré des chevaliers de Malte. C'est aujourd'hui un musée plein de charme. *10 r. du Grand-Prieuré - www.museereattu.arles.fr*

ADRESSE

Allez inspecter le Rhône de près (et aussi les incroyables collections d'antiquités), au **musée de l'Arles antique**★★★. *www.arles-antique.cg13.fr*

ALTERNATIVE

Petits farcis sur une table posée au calme dans une ruelle pavée, proche du centre. C'est au **Gibolin** ⊕, un sympathique bistrot à vins. *13 r. des Porcelets - @legibolinarles - €€.*

PARC RÉGIONAL DE CAMARGUE

Bordé à l'est par l'embouchure du grand Rhône, il protège notamment l'**étang de Vaccarès**. Nous vous conseillons de passer par le **domaine de la Palissade**, où vous trouverez plusieurs formules (payantes) pour visiter le parc, à pied, en kayak, à cheval. *Salin de Giraud - www.parc-camargue.fr ou www.snpn.com*

3e Étape

DÉPART D'EYGALIÈRES

Rejoignez **Arles**★★★ et retrouvez les moutons sur le **portail**★★ de **St-Trophime**★. La vieille ville est ravissante, posée sur un Rhône comme une mer, trop large pour elle. Les hôtels particuliers qui bordent les rues, les places protégées par les platanes, les traces immenses d'un immense passé, tout concourt à vous retenir plusieurs jours. À la **fondation Luma**★★, le bâtiment de Gehry, incongru, criard, tortille ses facettes brillantes au milieu d'un grand jardin aux courbes douces. On voudrait ne pas l'aimer tellement il tranche avec le vieil Arles. Mais rendons-nous à l'évidence. Il y a un œil derrière ce lieu, car le bâtiment s'élance en parfaite harmonie avec son environnement, proportions, perspective. La programmation de ce centre d'art est riche, et les restaurants fort agréables. Arles nature se visite donc ici, et aux **Alyscamps**★★ où le silence des tombes convoque les couleurs de Van Gogh.

DÉJEUNER À ARLES

Restez à la fondation Luma, commandez un jus detox et un ceviche au **Drum Café** (€) ou un agneau confit au **Réfectoire** (€€). Plusieurs formules de restauration, à des prix abordables et toujours dans un cadre amusant.

Chaussez vos gardianes et filez vers la **Camargue**★★★. S'il est un lieu de nature en Provence c'est bien cette étendue sauvage où pointent des cornes en forme de lyre au-dessus d'un naseau qui peut devenir furieux. Prises séparément, toutes les parties du flamant rose sont plutôt laides. On est surpris de les trouver si gracieux lorsqu'ils se tiennent en bandes, et qu'ils éclairent de leurs nuances de rose les étendues bleutées et vertes. Vous les verrez de près au **parc ornithologique du Pont-de-Gau** (en payant - *www.parcornithologique.com*), et de plus loin mais dans un environnement grandiose dans la **réserve naturelle du Scamandre** *(www.camarguegardoise.com)*. Dans les deux cas, des parcours en boucle, dont certains sur pilotis ou sur digues conduisent au plus près des animaux, taureaux noirs, chevaux blancs, oiseaux de toutes sortes, insectes multicolores et rongeurs rigolos. Moment magique en fin de journée mais moment moustique selon les saisons. Côté plages, il faut dire assez hallucinantes (73 km entre Les Saintes et Port-St-Louis, de quoi faire des pâtés tranquille), regardez du côté de la **digue à la mer**, qu'on emprunte à vélo entre étangs et grande bleue. Les courageux iront jusqu'à **Beauduc**, sauvagissime. Sable et eau à perte de vue également à **Piémanson**.

DÎNER ET NUIT À VACCARÈS

Rêvez de vous en flamant rose. Un cauchemar pour certains. Réservez la hutte au **mas de l'Ange**, une cabane restaurée où le lit est installé devant une immense fenêtre, incroyable observatoire des oiseaux et autres animaux du marais. Planches avec produits du terroir au dîner et petit-déjeuner livré sur la terrasse devant l'étang de Vaccarès. *masdelangeduvaccares.com - €€€€.*

Et si on allait voir plus loin

Notre sélection de sites, adresses, expériences insolites en dehors de l'itinéraire

AUBAGNE

Les sentiers de Marcel Pagnol

Ces sentiers conduisent sur les traces de Pagnol, à la découverte des lieux décrits dans sa trilogie *Souvenirs d'enfance (La Gloire de mon père, Le Château de ma mère, Le Temps des secrets)*, ainsi que sur les plateaux naturels de tournage de ses films (le puits de Raimu, le mas de Massacan, la grotte de Manon, la maison de Panturle, etc.). Du col d'Aubignane, où subsistent les ruines de la ferme d'Angèle (*Angèle*, 1934), deux options s'offrent à vous : grimper jusqu'au sommet du Garlaban *(4h AR de La Font de Mai, difficulté moyenne, balisage jaune)* ou redescendre vers le hameau de La Treille. *www.tourisme-paysdaubagne.fr*

FONTAINE-DE-VAUCLUSE

Au fond d'un cirque rocheux aux parois impressionnantes apparaît soudain la **fontaine★**, bassin d'eau verte, d'apparence paisible et propice à la rêverie. Il en émane un halo de mystère et de vieilles légendes qui reviennent confusément en mémoire, comme c'est souvent le cas devant un gouffre. Car cette claire fontaine en est un ; de quelle profondeur ? 300 m? Nul ne le sait exactement. Est-ce une source ? Non, car il s'agit plutôt d'une résurgence, c'est-à-dire le débouché d'un fleuve souterrain qu'alimentent les eaux de pluie tombées sur le plateau de Vaucluse et qui s'infiltrent à travers les nombreux avens.

LA CIOTAT

Calanque de Figuerolles★

Nichée au fond d'un vallon verdoyant, sertie de spectaculaires falaises de poudingue percées d'alvéoles et de rochers aux formes étranges, cette belle calanque invite au farniente et à la baignade. Elle est vite bondée, aussi mieux vaut la découvrir hors saison. Pour en profiter pleinement, vous pouvez séjourner ou déjeuner au bien nommé hôtel **La République indépendante de Figuerolles**. *Du parking (payant de mai à sept.), un sentier descend dans la calanque (à 5mn à pied) - hôtel : www.figuerolles.com - €.*

PLAN D'AUPS

Le massif de la Sainte-Baume★★

La beauté et la configuration exceptionnelles du massif en ont fait un lieu sacré depuis l'Antiquité. Mais c'est à sainte Madeleine, la célèbre pécheresse repentie, que l'on doit ce nom qui signifie « grotte sainte ». Pour mieux comprendre, pourquoi ne pas suivre les nombreux pèlerins et randonneurs qui montent vers la grotte sanctuaire ? Une chapelle y a été aménagée et le petit effort est récompensé sur la terrasse par la très belle vue. Les amoureux de la nature seront à coup sûr comblés par la diversité des reliefs abrupts, les multiples promenades et l'écosystème original, remarquable pour les essences nordiques qui peuplent la forêt et lui donnent un caractère unique en Provence.

ROUSSILLON

Sentier des Ocres★★

Au départ du joli village de **Roussillon★★**, deux sentiers (30mn et 50mn) bien aménagés et balisés, jalonnés de panneaux didactiques sur la géologie, la végétation et l'extraction de l'ocre, sillonnent les carrières à ciel ouvert. Ils permettent de s'approcher des falaises pour admirer cet étonnant paysage façonné par l'homme et l'érosion, et de découvrir la flore des collines d'ocre (yeuses, chênes blancs, genévriers). On déambule ainsi au milieu des cheminées de fées pour atteindre finalement la **chaussée des Géants★★**.

SAUSSET-LES-PINS

La Côte Bleue★

À l'ouest de Marseille, coincée entre le golfe de Fos et l'étang de Berre, la bien nommée Côte Bleue, baignée d'eaux aux reflets turquoise ou saphir, est le dernier bastion d'une nature miraculeusement préservée. Le littoral dévoile en effet entre L'Estaque et Carro un rivage découpé où se succèdent de délicieuses criques rocheuses et de larges anses de sable ou de galets. Protégés par les collines boisées du massif calcaire de la Nerthe, d'anciens hameaux de pêcheurs continuent de vivre au rythme de la mer et de parties de pétanque qui auraient enchanté Pagnol.

VILLENEUVE-LÈS-AVIGNON

Jardins et abbaye St-André★★

Après la visite de l'abbaye, fondée par les bénédictins au 10e s. (voyez notamment les fresques de l'Annonciation peintes en 1914 par Émile Bernard), vous serez éblouis par les jardins à l'italienne et les jardins méditerranéens (oliveraie digne d'un tableau de Van Gogh). Allées voûtées de roses, bassins, fontaines, statues et grands cyprès animent la promenade, qui offre de superbes vues★★ sur Avignon (transats à disposition pour savourer le moment). *R. de la Montée-du-Fort - www.abbayesaintandre.fr.*

ITINÉRAIRE 18 - CORSE

4 JOURS - 219 KM

AJACCIO > POINTE DE LA PARATA > BOCOGNANO > VIZZAVONA > LA RESTONICA > CORTE > LA PORTA > VERDÈSE

Une montagne dans la mer

À VOIR AUSSI

Ne manquez pas de visiter le **Palais Fesch - musée des Beaux Arts★★**, une collection d'art italien sans équivalent en France, ou presque ! *www.musee-fesch.com*

ADRESSE

Si les *canistrelli*, les chaussons aux blettes ou autre *falcullelle* (galette au *brocciu* cuite au four sur une feuille de châtaignier) vous tentent, filez chez **Galeani**, votre pique-nique n'en sera que plus réussi ! *3 r. Cardinal-Fesch*

ALTERNATIVE

Le Roi de Rome est l'une des « stars » de la rue éponyme, où la concurrence est rude : plats généreux, service aussi sympathique que rapide, et vins, délicieux, et bien assortis aux mets ! *12 r. du Roi-de-Rome - €€.*

1re Étape

DÉPART D'AJACCIO

Au petit matin, débutez par la **pointe d'Aspretto** pour sa belle vue d'ensemble sur **Ajaccio★★** : les vieux quartiers posés à fleur d'eau dans une harmonie de tons pastel, et la ville nouvelle grimpant à flanc de montagne. Après avoir arpenté la **vieille ville★**, filez au marché. La Corse dans son intégralité est représentée ici ; choisissez quelques merveilles auprès des petits producteurs en vue du pique-nique du jour. Puis cap vers la **route des Sanguinaires★★** qui borde la côte nord du golfe ; des quartiers résidentiels alternent avec des plages de sable fin caressées d'eaux claires, animées par quelques paillottes. C'est tentant ! Au bout, à la **pointe de la Parata★★**, prenez le temps de visiter la **maison du Grand site** : vous serez incollable sur la faune et la flore, ainsi que sur les sentiers de randonnées à proximité. Avis aux amateurs d'escalade, tout près se trouve le site **A Reta**. Suivez le sentier à pied jusqu'à la pointe et la tour génoise dans laquelle vous pourrez grimper *(1hAR)*. *www.grandsitesanguinaires-parata.com*

PIQUE-NIQUE À LA POINTE DE LA PARATA

La pointe de la Parata et sa vue extraordinaire sur les **îles Sanguinaires★★** est un spot parfait pour déballer son pique-nique (table d'orientation).

Direction l'Anse de **Minaccia★** : rejoignez la plage de **Petit Capo★** à pied *(1h aller)* ou, un peu plus loin, celle de **Grand Capo★** *(1h30 - facile, dép. env. 1 km avant le parking de la Parata ; bien se chausser et prévoir de l'eau)*. Le chemin, bien tracé, franchit une crête d'où s'offrent de superbes vues sur les îles et la côte sur ses deux versants, avant d'atteindre les deux plages de sable fin, entourées de collines à la végétation rase. Attention ! Consultez le drapeau avant de vous baigner ; les vagues et les courants peuvent être importants, les lieux sont d'ailleurs très appréciés des surfeurs.

DÎNER ET NUIT À AJACCIO

Faites-vous plaisir en choisissant **A Nepita**. Cet établissement à l'ambiance intimiste séduit les palais les plus avertis. Le chef propose une cuisine au gré du marché, toute de fraîcheur et de saveur. Ne manquez pas le poulpe grillé, l'une de ses spécialités. *www.anepita.fr - €€€.*
Gagnez ensuite l'une des confortables chambres du bel **hôtel Fesch** au cœur de la vieille ville. *www.hotel-fesch.com - €€€*

2e Étape

DÉPART D'AJACCIO

Avant de bifurquer vers la montagne où bat le cœur de l'île, offrez-vous une plongée vers la fascinante Grande bleue : une excursion en bateau aux **îles Sanguinaires★★**, véritables sentinelles rougeoyantes veillant sur le vaste golfe, à moins que vous ne préfériez une randonnée palmée ou une plongée sous-marine... *(www.promenades-en-mer.org - eragnole.com)*. Cap ensuite vers la **vallée de la Gravona★★** avec arrêt à **Tavera** où vous irez saluer, par un sentier balisé à travers pâturages et forêt de chênes, l'expressive **statue-menhir** datant du IIe millénaire avant J.-C. *(40mn AR)*.

DÉJEUNER À BOCOGNANO

Perchée face aux majestueuses montagnes, la ferme-auberge **A Tanedda** fera votre bonheur : des produits maison (charcuterie, porc, farine de châtaigne, légumes) ou des fermes voisines composent des recettes simples, traditionnelles et goûteuses. *T 20, en face de la mairie - f - €€.*

Plongeons maintenant dans la **forêt de Vizzavona★★** où des dizaines de kilomètres de sentiers et de routes forestières, serpentant à travers les magnifiques pins laricio et hêtres, raviront les randonneurs. Au départ du col de Vizzavona, le sentier de **La Madonuccia★** vous fera grimper sur la crête, un amas de rochers qui évoque une statue de la Vierge et dégage une belle vue sur la vallée de la Gravona et le monte d'Oro *(1h30 AR)*. Un peu plus loin, le sentier de la **cascade des Anglais★** mène à une enfilade de cascatelles et de vasques propices à une trempette dans l'Agnone *(1h AR - dép. du grand parking au-delà de l'hôtel Monte d'Oro)*.

DÎNER ET NUIT À VIZZAVONA

Ce soir, poursuivons le bain de forêt à l'**hôtel Monte d'Oro**, aménagé dans une bâtisse du 19e s. entourée de hêtres plus que centenaires. L'accueil est charmant, tout comme l'ambiance générale. L'établissement au décor très rétro dispose de chambres calmes et spacieuses avec salles de bains rénovées. Spécialités corses au programme dans la belle salle de restaurant. *www.monte-oro.com*

UN PIN EMBLÉMATIQUE

Le **pin laricio** est l'un des plus grands arbres d'Europe ; il peut vivre 600 ans. Son fût parfaitement rectiligne, dépassant souvent 40 m de hauteur et atteignant jusqu'à 2 m de diamètre, confère aux magnifiques futaies de Vizzavona, de Valdu-Niellu ou d'Aïtone une vertigineuse verticalité. Cet arbre abrite un petit oiseau endémique, la **sittelle corse**.

3e Étape

DÉPART DE VIZZAVONA

Départ à la fraîche : la journée est chargée en réjouissances. Peu après Vivario, arrêtez-vous au **fort de Pasciolo** pour la beauté sauvage du site : dominant les gorges très encaissées du Vecchio, les ruines se dressent comme une vigie, face à un immense cirque montagneux *(30mn AR, dép. de l'aire de repos aménagée dans le grand virage)*. La route, très belle, enjambe ensuite le **double pont du Vecchio★**, ouvrage d'art conçu par Gustave Eiffel, avant de franchir le col de Bellagranajo et son vaste panorama. Rejoignez les célèbres **gorges de la Restonica★★** où vous ne manquerez pas une

PIN LARICIO

ÎLES SANGUINAIRES

randonnée vers les joyaux de la montagne : le **lac de Melo★** d'où jaillit la Restonica *(3h30 AR, dép. des bergeries de Grotelle, balisage jaune - niveau moyen, bonnes chaussures indispensables - forte fréquentation en été)*, et, selon le temps et l'envie, le **lac de Capitello★★** *(dans le prolongement du 1er lac, 45mn aller)*.

DÉJEUNER DANS LA RESTONICA

Une pause à l'**auberge de la Restonica**, avec sa cuisine inventive qui met en valeur les délicieux produits corses, vous requinquera. Lieux superbes, entre piscine et terrasse dominant la Restonica. *Rte de la Restonica - restaurant-corte.fr - €€€*

Après une baignade dans les vasques creusées dans les gorges à proximité de l'auberge, partez explorer la ravissante ville de **Corte★**, capitale de cœur des Corses. Une grimpette à travers les ruelles de la ville haute vous mènera au **belvédère★**, parfait pour contempler l'éperon rocheux qui supporte la partie haute de la citadelle, ainsi que la confluence du Tavignano et de la Restonica.

DÎNER ET NUIT À CORTE

Installez-vous sur l'une des places les plus agréables de la ville à **U Campanile**, pour déguster des plats finement mitonnés par un cuisinier talentueux. *Pl. Gaffory - www.u-campanile-corte.fr - €€€.*

Prenez ensuite vos quartiers sur les hauteurs de Corte, dans le cadre champêtre de **L'Albadu**, ferme équestre familiale aux confortables chambres d'hôtes. Les cavaliers pourront réserver une sortie équestre dans les paysages sauvages, de toute beauté. *Rte du Calvaire - www.hebergement-albadu.fr - €€.*

4e Étape

DÉPART DE CORTE

Cap vers la **Castagniccia★★**, féerique contrée aux routes sinueuses d'où émergent des villages aux allures de forteresses et qui doit son nom aux châtaigneraies couvrant ses collines. Arrêtez-vous à **Santa Maria et San Giovanni de Valle-di-Rostino**, vestiges d'une église piévane (10e s.) et son baptistère du 12e s. *(15mn AR)*, à **Morosaglia**, village-belvédère aux maisons de schiste, puis à la **chapelle ruinée San Petruculo d'Accia** *(30mn AR depuis le col de Prato)*. Puis, arpentez le charmant village de **La Porta★**, niché dans la châtaigneraie, qui possède l'une des plus belles églises baroques de Corse.

DÉJEUNER À LA PORTA

Dans la vaste salle de **L'Ampugnani** , on se régalera de la vue et de la cuisine familiale et copieuse. *ampugnani.com - €€*

Promenez-vous dans le joli village de **Campana**, avant de visiter le **couvent d'Orezza★**, ruine romantique, poétique à souhait, puis d'arpenter le charmant village de **Verdèse**.

DÎNER ET NUIT À VERDÈSE

L'**Alma Viva** est un véritable cocon niché dans un sublime écrin de verdure. Ancien relais de diligence du 18e s. entièrement restauré, il propose de très jolies chambres d'hôtes rustiques, ainsi qu'une table savoureuse. *www.almaviva20229.com - €€.*

À VOIR AUSSI

Le **musée de la Corse★★** à Corte est incontournable pour mieux connaître la vie insulaire. *www.museudiacorsica.corsica*

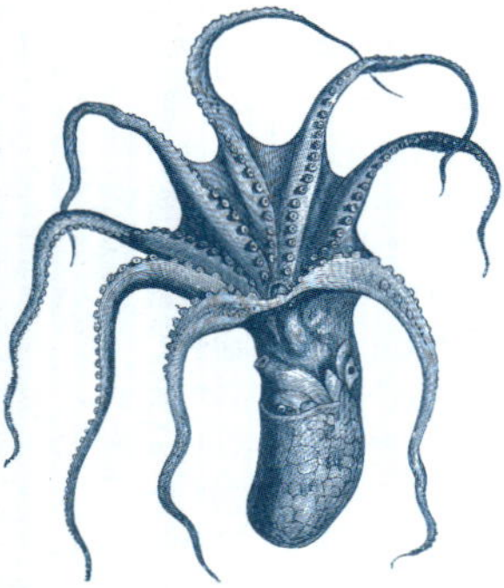

À VOIR AUSSI

À Morosaglia, visitez le **musée départemental Pascal-Paoli**. Situé dans sa maison natale, il regroupe objets personnels et documents évoquant la personnalité et l'œuvre du héros de la nation corse qui, entre 1755 et 1769, s'oppose à la présence génoise remontant au 13e s. Il crée un gouvernement basé à Corte et une Constitution inspirée des Lumières. *Hameau de Stretta - www.visit-corsica.com.*

ALTERNATIVE

Le **refuge d'Orezza** est une halte appréciée des randonneurs, tant pour ses chambres (simples) que pour sa table. Il bénéficie d'une situation d'exception et d'une belle terrasse panoramique. Quel plaisir d'ouvrir les volets le matin sur un tel paysage ! *Piedicroce - www.lerefuge-orezza.com - €.*

Et si on allait voir plus loin

Notre sélection de sites, adresses, expériences nature en dehors de l'itinéraire

ALBERTACCE

Randonnée au pont de Muricciolu

Suivez le sentier, bordé de genêts nains, de pins, de châtaigniers et d'anciens jardins, qui s'abaisse avant de franchir la rivière Viru (emportez le maillot, baignade possible), près d'un ancien moulin restauré et d'un pont génois. Voilà l'objectif de la promenade et bel endroit pour le pique-nique. Depuis le pont, vous pourrez effectuer une boucle autour de Capu di u Castellu (1 044 m), en pénétrant dans la forêt (via le pont de Muricciolu), et en profitant le long du parcours de vues sur le lac de Calacuccia. *Dép. 300 m avant le panneau de sortie au sud du village - le sentier démarre entre deux hauts murets, balisage orange, peu ombragé, prévoir chapeau et eau.*

Forêt de Valdu-Niellu★★

En parcourant la route entre Albertacce et le col de Vergio, vous traverserez la forêt de Valdu-Niellu, la plus vaste (4 638 ha) et l'une des plus belles de l'île. Composée en majorité de magnifiques pins laricio, elle s'étage de 900 à 1 600 m d'altitude au cœur du parc naturel régional de Corse.

MAISON FORESTIÈRE DE POPAGHJA

Lac de Nino★★

Ne manquez pas cette randonnée qui passe par les bergeries de Colga, puis le col de Stazzona pour aboutir à l'un des lacs emblématiques de Corse (alt. 1 743 m). Source du Tavignano, le lac de Nino occupe une vaste combe gazonnée au charme bucolique, où les pelouses aquatiques dessinent de fascinants entrelacs. Il est réputé pour ses vastes pozzines sur lesquelles il ne faut pas s'aventurer car les écosystèmes sont fragiles. L'activité pastorale a ici presque disparu, vous y rencontrerez cependant quelques cochons et parfois des chevaux. *4h30 AR, marques jaunes - dénivelé : 700 m, bonnes chaussures de marche nécessaires - dép. de la maison forestière de Popaghja, en bordure de la route du col de Vergio.*

PONTE-LECCIA

Parc Asco Vallée Aventure

La sublime et sauvage **vallée de l'Asco★★**, abrite plusieurs parcours aventure de différents niveaux, des **via ferrata** avec passerelles suspendues, ponts de singe, échelles, et tyroliennes de longueurs variées dont des géantes ! Après tant d'émotion, vous pourrez profiter d'une pause rafraîchissante dans les nombreuses criques du torrent en contrebas du point d'accueil.
www.interracorsa.com

HAUT-ASCO

Écomusée - Maison du Mouflon

Arrêt recommandé dans cet espace d'information et d'exposition où vous découvrirez la **vallée de l'Asco★★** et la forêt, les activités humaines, la flore et la faune locale, à commencer par la vedette des lieux : le mouflon de Corse ! Renseignez-vous sur les visites de la **réserve de faune d'Asco** (3 510 ha), organisées sur réservation.
www.asco.corsica

PORTO

Calanche de Piana★★★

Dominant le golfe de Porto, d'étonnantes sculptures granitiques formées par l'érosion sculptent un paysage chaotique qui dégage une beauté étrange et fascinante : le bleu intense de la mer, la lumière souvent irréelle éclairant la côte au relief vigoureux, la palette des oranges et des roses de la roche… Des circuits d'une heure à une demi-journée vous attendent pour les explorer à pied.

TAGLIO-ISOLACCIO

Parc Galea★

Situé au-dessus des champs de vignes, ce parc (9 ha) vous plongera dans le patrimoine naturel, historique et culturel de la Corse, de manière originale et pédagogique. Vous serez enchantés par l'extraordinaire variété des jardins paysagers : riche collection de cactées, espaces zens et minéraux, palmiers, carré aromatique, végétaux de Corse et de Méditerranée, grands arbres d'essences variées du monde entier, mare naturelle ..., sans oublier d'expérimenter le sentier pieds nus aménagé entre chênes-lièges et maquis. Le parc comprend aussi d'intéressants espaces muséographiques.
www.parcgalea.com

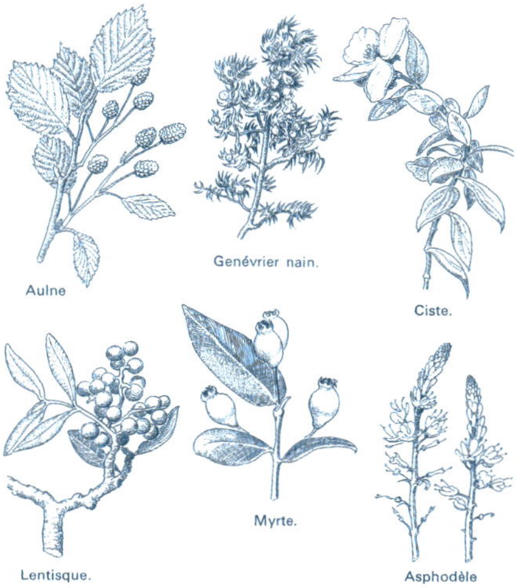

Index

En **bleu** : villes et *sites* décrits dans le guide le long l'itinéraire.
En **noir** : villes et *sites* décrits dans le guide dans la rubrique *« Et si on allait voir plus loin »*, en fin d'itinéraire.

Aix-les-Bains (L6) ... n°15
carroyage sur la carte — n° d'itinéraire

Sur la carte

• ville - ▲ *site isolé (château, abbaye, grotte....)*

LES FABULEUX ITINÉRAIRES MICHELIN

Titres déjà parus

La France **nature**

La France **gourmande**

La France **insolite**

À paraître

L'Italie **gourmande**

La France **des vins**

...

Collection sous la direction de : Manuela Magni
Secrétariat d'édition : Emmanuelle Souty
Rédaction : Camille Bouvet, Amaury De-Valroger, Lucie Fontaine, Catherine Guegan, Valentine Guégan, Hugo Lemaire, Emmanuelle Souty, Emeline Plessier, Delphine Storelli.
Ont collaboré à cet ouvrage : Frédérique Gimenez (pilotage), Véronique Aissani (édition cartographique), Eva Boyer (assistante éditoriale), Cristian Catona (prépresse), Virginie Noyalet, Teodora Coroiu, Léonard Pandrea, Éléonore Renton, Corwin Baudet (cartographie).
Direction artistique & graphisme : Éric Laurin & Willem Meerloo (Les Niçois)
Cartographie : © MICHELIN 2025
Fabrication : Sandrine Combeau, Renaud Leblanc
Régie publicitaire : contact.client@editions.michelin.com

Remerciements : Philippe Orain, Jean-Baptiste Passé, Philippe Sablayrolles

Édition 1 – 2025

Crédits :
Dessins & gravures : © Archives MICHELIN sauf :
p. 3 Morphart Creation/Shutterstock - **p. 4** ilbusca/Getty Images Plus - **p. 9** THEPALMER/Getty Images Plus - **p. 10** Morphart Creation/Shutterstock - **p. 17** ilbusca/Getty Images Plus - **p. 20** ilbusca/Getty Images Plus - **p. 25** NSA Digital Archive/Getty Images Plus - **p.35** Rawpixel.com/shutterstock - p. 34 Les Archives Digitales/Alamy - **p. 35** Madiwaso/shutterstock - **p. 36** Irina Trusova/Shutterstock - **p. 42** zlotysfor/Getty Images Plus - **p. 56** ilbusca/Getty Images Plus - **p. 59** ilbusca/Getty Images Plus - **p. 62** clu/Getty Images Plus - **p. 63** clu/Getty Images Plus - **p. 64** ilbusca/gettyimages - **p. 67** whitemay/gettyimages - **p. 70** Morphart Creation/Shutterstock - **p. 73** ZU_09/Getty Images Plus - **p. 82** Nastasic/Getty Images Plus - **p. 87** ilbusca/Getty Images Plus - **p. 90** duncan1890/Getty Images Plus - **p. 93** Beeldbewerking/Getty Images Plus - **p. 97** Morphart Creation/Shutterstock - **p. 104** Morphart Creation/Shutterstock - **p. 106** Rawpixel.com/Shutterstock - **p. 110** ilbusca/Getty Images Plus - **p. 118** THEPALMER/Getty Images Plus
Seulement sur la carte : Mashikomo/Shutterstock - Marvod/Getty Images Plus - Darya Palchikova/Shutterstock
Couv : Man_Half-tube /Getty Images Plus - ilbusca/Getty Images Plus / Designed by rawpixel.com / Freepik

MICHELIN Éditions
Société par actions simplifiée au capital de 487 500 EUR
57, rue Gaston Tessier – 75019 Paris (France)
R.C.S. Paris 882 639 354

Dépôt légal : 06-2025
Imprimeur : Estimprim, Zone industrielle de la Craye, 25110 Autechaux
Imprimé en France : 05-2025 - Usine certifiée 14001
Sur du papier issu de forêts bien gérées